成寒——著

陪孩子走過英語路

早早開始，慢慢來

孩子學不好英語，
都是父母的錯

大人的英語不好，都是自己的錯。
小孩的英語不好，都是父母的錯。

　　每個孩子都是爸爸媽媽的心肝寶貝，花大錢也不足為惜。然而，學英語，你以為花大錢就夠了嗎？

　　尤其是做父母的，自己深受英語不佳的困擾，因為英語影響到職場升遷，或造成工作上的挫折，做父母的，你們一定更想讓孩子學好英語。

　　然而從我每天接觸的讀者當中，二十歲至三十歲之間，許多都是著名國立大學的優秀大學生、碩士或博士，還有一些醫生，照理說他們應該都是「好學生」，都是用功的學生，但為什麼他們還要再學英語？過去花了六年，甚至十年以上的時間在上英文課，難

早早開始，慢慢來

家裡的客廳就是教室，放投影片上課，媽媽是老師，孩子是學生，牆壁就是上課的黑板。（Linda 提供）

道，這樣還不夠嗎？

小孩不懂事，學英語都是父母安排的

然而，小孩本身是不懂事的，他們學英語的過程都是父母安排的，如果這些好學生都學不好英語，那之前的英語課不就白上了？（當然，英語很好的學生也大有人在，這裡指的是我遇到的眾多讀者。）

按理說，國中和高中六年學英語，應該是綽綽有餘。讀者 Cocoa 出身金門高中，成大建築所的年輕女建築師。她回想起在成大念書時，圖書館裡的建築書有三分之一以上是英語版，書很棒，可惜她的程度不足以閱讀這些寶貴的原文書。不然以她如此上進的精神，若能好好看懂這些書，她今天的視野想必大大不同，有更高的成就。但她以前也很用功啊，為什麼上了那麼多年的英語課，她的程度不足以讓她閱讀原文書籍。

再看台灣許多大學課程使用原文教科書，但究竟有多少學生看的是中譯本？以下這段話節錄自中央大學電機系講座教授王文俊（5/10/2010《中國時報》）：

「我們承認現在大學生的英文確實不好，甚至國立大學碩士班、博士班都不行，大學裡設的英文畢業門檻，如全民英檢中級通過，其實造成學校極大的困擾，因為會有極大部分的學生無法通過，然後就必須為這些學生開設英文加強課程以抵免英文門檻限制，他們才能畢業。」

我在想，到底是學生不願意用功？還是他們不知道正確的學習方法？還有，若基礎沒打好，上再多課也沒用。

英語一直沒學好，彷彿一場醒不來的惡夢

英語學一半，等於沒學。

英語，若始終沒有學好，就要一學再學，彷彿一場醒不來的惡夢。

我的書《英文，非學好不可》主要是為大人寫的，出乎意料，因這本書而學好英語的讀者，他們自己也為人父母，他們的小孩也循著父母的腳步學習，雖然大人和小孩的學習，因生理年齡因素，作法上有些微異，但只要父母本身有心帶，孩子就能學好語文

孩子學不好英語，
都是父母的錯

（國語和英語）。而幾年來，我也不斷收到家長的求救信函：他們說，小孩學英語多年。現在已經小六，突然發現孩子的英語進步不大，所以來問我，該怎麼辦？

有些父母，投資很大，成果很小。孩子甚至已經花了超過兩百萬的補習費，結果只是簡單的英語很會講，但程度不深不廣，以致於到國外，連餐廳也不敢進去。而閱讀能力也好不到哪兒去，有個很有自覺的國中女生，從小到大補了所謂全美語補習班十年，經常被學校和補習班推派出去參加英語演講比賽，她以為自己的英語已經夠好了，沒想到一拿起最新流行的《暮光之城》英語版，卻看不下去，因為看不懂。她因此開始憂鬱起來。

學英語，教育小孩，要先教育父母。《早早開始，慢慢來》就是要破解大人的迷思。我在這裡跟所有的爸爸媽媽講，問題的癥結不在於中籍或外籍老師，也不在於學校或補習班。有補習的，家長要與老師相互配合，沒補習的，家長要自己用心帶，才有可能把孩子的語文帶好。

小孩有沒有學好英語，父母的責任最大。

大人學不好英語，都是自己的錯；但小孩學不好英語，絕對是父母的錯。

方法、教材、毅力、時間

有個家境不錯的媽媽，非常委屈的跟我說：「可是，我已經在小孩身上花了那麼多錢，為什麼我還要扛起責任？為什麼我還要這麼辛苦？」

我半開玩笑回答她：「沒花錢的家長，可以讓小孩放牛吃草；但花越多錢的家長，更要投注更大的心力，以免投資血本無歸。」

我在《英文，非學好不可》提到學好英語三大因素：方法、

教材、毅力，三者缺一不可。但小孩學英語，還要加上一項：時間。

　　小孩學英語，因為認知能力問題，不可能像大人學得那麼快。爸爸媽媽陪孩子走過英語路，盡早開始，但要慢慢來，不是一天兩天，不是一個月兩個月，或一年兩年就夠，而要有長期抗戰的心理準備。過程中，只要有進步，就會有喜悅。還好，這場戰爭，只要認真做，六年內一定可以打完，全面勝利。

老師「引導」，回家「內化」

　　沒有補習的孩子，在家自修，一步步都在爸爸媽媽的規畫下進行。若送小孩去上課或去補習，每天回來，爸爸媽媽至少要在家裡督促小孩做以下的功課：

1. 聽一或兩個小時的英語有聲書。
2. 背「新」生字和複習「舊」單字。
3. 閱讀英語故事書。

　　學英語，重要的不是上課時數多少，而是在家有沒有預習和複習，吸收多少，有沒有內化。一如國文，大家上課的時數都一樣，為什麼有些孩子的國文比較好？──因為他們回家有看課外書的習慣。

　　老師上課是「引導」，「吸收」多少要看學生個人，而「內化」則需要交叉學習，才能觸類旁通。

　　孩子除了「引導」要靠老師，「吸收」及「內化」，則只能靠爸爸媽媽的從旁協助。

　　如果家長只是把小孩丟給別人教，在家卻什麼事都不做，什麼事都不管。家長不給小孩製造英語環境，不幫孩子有效複習學校或補習班所教的內容，那就要看孩子自己能不能自動自發，奮發向上（有些孩子真是父母上輩子修來的福氣啊！）。不然就只能燒香拜佛，或上教堂祈禱，看看會不會有奇蹟發生？

　　可是現在，大部分的孩子日子過得太舒服，往往少了成功的特質：企圖心、好強、不服輸。所以家長更要花心思關心孩子。

孩子學不好英語，
都是父母的錯

多學，沒用；少學，更沒用

然而，學英語，有方法。多學，沒用；少學，更沒用。

看過《英文，非學好不可》的讀者都知道，我在學校從來沒學會過英語，因為死記硬背的方式，我怎麼樣也學不好。然而英語其實非常好學，我當年自修十個月，托福就考了六百多分。我覺得許多人一直學不好英文，反覆的學，一再的學，始終學不好，也許問題出在太強調「英文」這兩個字，我把它當成「英語」來學，就簡單容易多了。對我來說，「英語」是拿來用的，至於「英文」，也許是考試用的。因此，本書一律稱呼「英語」。

幾年來，我花了許多時間在「成寒部落格」上輔導父母如何教小孩，也開辦〈啟發式英語教學課程〉，教父母如何利用聲音、圖片及影像，在家幫助孩子學英語，進而對英語產生熱愛。若從學齡前兩三年開始，在完全沒有補習的情況下，循序漸進的學習，小二或小三就可以聽懂或看懂英語版《哈利波特》。

陪孩子學英語，陪孩子走過英語路，爸爸媽媽也等於在為自己複習，一人吃，多人補，彼此培養革命情感，增進親子關係。

孩子小，更容易教；但比較大的小孩，依然有救。別著急，只要父母有心，孩子就有希望。想想看，我在十七歲以前，英語仍一竅不通呢！

《早早開始，慢慢來》是釐清父母的觀念，有了正確的觀念，才可能有正確的作法，進而幫孩子省時間，省金錢，真正學好英語。讓孩子長人以後，不必再重來一遍。

這本書的完成要感謝我的廣大讀者的熱情分享，大家的努力令我非常敬佩。

建議本書與《英文，非學好不可》一起閱讀。有任何英語學習問題，歡迎貼在「成寒部落格」www.wretch.cc/blog/chenhen。

早早開始，慢慢來

CONT目次ENTS

CONT目次ENTS

CONT目次ENTS

第 1 章　觀念篇

01 英語的**門檻**

只要學過門檻，從此可以不必再學

英語學一半，等於沒學。

學英語，一定要學過門檻，聽、說、讀、寫，一樣都不少，這樣才有用。過了門檻，程度才不會退。

國文門檻：看懂中文報紙，寫信和短文

國文有國文的門檻，英語也有英語的門檻。

請問你什麼時候開始看中文報紙？（非兒童報紙）

我們生活在台灣的環境裡，學齡前已經會聽會說國語，上小學以後，聽說程度提升至有內涵，而讀寫也藉由學校的各種不同課程，逐漸增加深度和廣度。

國文的聽與說，在台灣的環境下，自然而然就會了。門檻檢驗的是讀和寫：當孩子能夠看得懂全份中文報紙時，且能寫出流暢短文及信函時，表示他的中文程度已經過了門檻，聽說讀寫，完全可以自由使用，從此以後就算不再上國文課，國文也不會退步。因為過了門檻，就能用，且隨著閱讀範圍廣泛，國文

早早開始，慢慢來

程度仍會與日俱增。在使用過程中，就是不斷的在複習。

過門檻，父母才能安心

英語，也是一樣的道理。爸爸媽媽一路陪孩子學到完全過門檻，聽說讀寫，隨時可以自由使用，才能安心。從此以後可以不必再學，不僅程度不會退，若像我長期有聽英語有聲書或電影的休閒愛好，我的英語便不斷的進步，想擋也擋不掉。

英語過門檻的標準：

兩萬個字彙量，不包括衍生字＆片語。

不看字幕，聽得懂90%電影。

不查字典，看得懂90%書報雜誌。

從此你可以不再學英語，而是享受英語。

陪孩子學英語，要有規劃，由淺入深，很有系統的學習。倘若從學齡前兩年或三年前開始學英語，持續不斷，不急不緩，小五就可以過門檻。苗栗某大學有位教授的兒子就是如此，小二聽《哈利波特》英語有聲書，小三聽《龍騎士》，他現在才小四，聽了兩三百張英語有聲書ＣＤ，簡直聽上了癮。無論如何，他的英語一定可以在小五過門檻。

我其他讀者的小孩，因為爸爸媽媽有在學，只要是從小一開始自修

英語的**門檻**

的話，小六畢業前也一定過門檻。因為我已經觀察這些小孩的學習狀況近四五年，他們的單字累積超過一萬多字了，英語有聲書聽超過百張ＣＤ，再過一年，程度不過門檻才怪呢！

小一不能念小六，
小六也不能一直念小一

　　有位台大名醫的太太，年過五十。她買了《英文，非學好不可》，很喜歡書中所附的英語有聲書，尤其喜歡〈美女與野獸〉的內容，以及女主角甜美的聲音。

　　她說，這幾張CD她超喜歡的，從去年一直聽到今年，幾乎天天聽，一點都沒聽膩。

　　我聽了她的話，既喜且悲：「小一不能念小六，但，小六也不能一直念小一。不管妳現在是幾年級，若同一年級念太久，你也不可因此連升好幾級。」又提醒她：「妳一定是沒照我說的背生字、跟述，才會一直在原地踏步。」她一聽就懂了，說回去以後會認真一點，往前走……

　　學英語，過猶不及。多做，沒用；少做，更沒用。

　　打個比方：如果滿分是一百分，你把它念到差不多一百分就好，因為再多念也不會多出分數來。

從簡單的開始

　　當初，一百本兒童英語有聲書，讓我起死回生。我就是從非常非常簡單的英語有聲書開始，托兒所程度，然後一連三級跳，很快把一百本聽完，背好單

02 小一不能念小六，
小六也不能一直念小一

字。

對台灣學生來說，英文課程不像國文或史地那樣，可以從中切入，以強記或熟背的方式學習。英文是循序漸進的，一開始就學不好的人，根本不可能馬上進入情況。也就是說：小一不能唸小六。

小一唸小六，欲速則不達。初級程度看英文報紙，結果呢？

學英文，一定要由淺入深，循序漸進，不然就是在浪費時間，浪費青春，浪費生命。

Time 雜誌固然不錯，*New York Times* 報紙也很好，但如果你沒那程度，生吞活剝，等於在填鴨。填鴨的結果，最後會噎著。

但也不能一直念很簡單的，也就是不能小六念小一。一位早年的財經主播，如今嫁為董事長夫人，她在採訪時提到：繼子聽程度很簡單的某英語教學雜誌，一聽就是九年。想想看，小一念了九年？

美國學生修大一英文，要先通過測驗

美國大學新生入學時，美國學生都要接受英文分級測驗（English Placement Test），程度不夠者，必須

早早開始，慢慢來

補修零字頭課程（不算學分）的英文，直到及格以後，才有資格修「大一英文」這門課。也就是說，學校要求每一位大一學生都要有相當一致的英文程度。

可是，台灣的英語教學方式不同。不管每個學生的英文程度如何，全部擠在一個班裡上課，於是，好的越來越好，差的呢？只好自生自滅了。

一如國文，有些小孩子到小六，還在看注音版改寫故事，國文程度一直停留在較淺階段，難怪不會進步。

小一不能念小六，小六也不能念小一。學語文，不同年紀的姊妹，念的教材程度也不一樣。（Victor 提供）

03 啓發勝過填鴨

語言的學習，沒有公式可循

我十七歲以前不會英語，十八歲以後沒有再學過英語，啓發我的是一百本兒童英語有聲書，從美國托兒所到小二程度。你可不要小看「美國小二」程度，台灣許多大學生學了六年以上的英語，可能連美國小二程度都沒有。

有時我在想，我的英語學得快，可能歸功於之前我完全不會英語，所以沒有「學壞了」。現在的我，不敢說英語有多好，倒是非常能用──可講一百多場不同主題的跨文化講座，足以證明。

畢竟，學校的英文考試是有範圍的；而我自學英語，無邊無際，海闊天空。

引導勝於一切，而不是給答案，套答案

其實，學英語不該那麼痛苦，也非全然輕鬆。

學英語也不在於早學或晚學，而是，只要每一步都走對了路，就會學得快又好。

智商也許可以量化，字彙可以量化，但英語的「內化」程度如何量化？

　　孩子也許已經上了許多年的課，念過不少英語，但究竟有沒有「內化」？到底「內化」了多少？內化只是一種感覺，是很難以數字測量出來的。

　　語文的學習，不像數學有公式可循。引導勝於一切，而不是一味的給答案，套答案。

　　我想問的是，學英語，從小到大，小孩有沒有聽或看過一本真正的「書」？還是，孩子永遠念的是片斷的英語？

　　為什麼花同樣的時間，有的人國文比較好？英語也比較好？

　　家長都是很有智慧的，在陪伴孩子學習的過程中，他們會不斷的調整，直到找出最適合的方向，走對了方向，不管龜速或兔速，走到最後才算數。

　　「啟發」這兩個字是個模糊的名詞，每個人有不同的定義。父母對小孩的啟發，和老師對學生的啟發，因時間和地點不同，還有孩子的差異性，而有所不同。

　　學語文，不能太現實。考什麼，念什麼；不考什麼，就不念什麼。

　　目前正在加州大學聖地牙

兒童學英語，應注意興趣的培養，勝過填鴨，好的方式。聽完故事，叫女兒扮成小紅帽的樣子，對故事內容更能心領神會。（Victor 提供）

03 啓發勝過填鴨

哥分校念博士班的 Lucy 寫信給我：

> 親愛的成寒老師：
> 上學期我上護理理論，老師講了deduction（演繹法）好幾堂課，若不是有聽福爾摩斯有聲書，大概不容易馬上了解。

福爾摩斯跟護理有什麼關係？那是因為任何文化都是互相串連的，所以，學英語，一定要交叉學習，才能觸類旁通。

培養學習「態度」和「習慣」

事實上，學校沒有錯，補習班沒有錯，中籍或外籍老師都沒有錯。孩子學不好英語，都是父母的錯。

把孩子丟進去，回家以後從來不督促，不陪讀，不複習生字，也不聽正常英語，這樣子，英語怎麼可能會好呢？

除非孩子天生積極上進，自動自發，但這樣的孩子有剛好生在你家嗎？

我認為，兒童英語教學，最大的重點在於：

早早開始，慢慢來

1. 培養孩子的學習「態度」和「習慣」，越早建立越好。

2. 培養孩子對語文的興趣，自然愛上英語，自願自動自發。

3. 培養孩子認知能力，打開視野和國際觀。

4. 以多元化啓發式來教學，讓孩子接觸多角度的英語。

有了良好的學習態度和習慣，語文學習，自然能夠長期累積。

補習，我覺得很好；安親班，我也不反對。

但所有的學習，終究要回歸到原點：自己。

如果自己不愛念書，沒有良好的學習態度和習慣，補再久的習，也還是沒用。我見過唯一基測英文沒考滿分的小孩，竟然是念了九年的雙語國小和國中的學生。不是學校有問題，而是小孩自己不用功。

難道你沒見過有些人，留學回來不到幾年，英語退到幾乎快忘光，那就是因爲當初的托福是硬補出來的，一旦脫離考試，也就脫離英語，白忙一場。

語文，這東西跟別的學科不一樣；語文，有一人部分是感覺。

感覺，需要時時去接觸它，然後就越來越有感覺。

興趣的培養，勝過填鴨

感覺也跟認知能力有關。認知能力不佳，當然沒有感覺，而認知能力也直接影響到理解力；認知力差，理解力就差。

語文，完全無法速成，只能不斷去接觸，樂於經常浸泡在裡頭，逐

03 啓發勝過填鴨

漸從學習中找到了樂趣。

英語，尤其是兒童學英語，更應該注重興趣的培養，勝過填鴨。

做父母的，若能化整為零，每天花一些時間陪小孩學英語，不僅能學得更好，而且也促進親子關係。引導孩子在學習中享受到英語之美，之趣，之有意思，培養了良好的學習態度和習慣，從此孩子更歡喜，自動自發，天天聽英語，看英語。這樣一來，英語怎麼可能不好呢！而父母將來更省事，省錢，省力氣。

良好的學習態度和習慣，不僅可以表現在英語實力上，也直接影響到其他學科的表現。

培養直覺和語感

對英語一定要練到有「直覺」和「語感」，練到連想都不必想，以直覺作答，這樣的速度才能趕得上。

多聽、多讀，不要想速成，找捷徑。我講的不是做測驗題做到很熟練，而是從自然的聆聽和閱讀，自然產生「直覺」和「語感」。背單字、跟述，這兩點最重要，積少成多，當時機到來的時候，自然而然就可以脫口而出，想都不必想。

　　語文並不是一蹴即成，也不是死背硬記，而是要用方法訓練，且需要時間。但用對了方法，可以節省時間。我這輩子真正學英語，除了考托福前十個月，考完又繼續念八個月，這樣而已，因為我用對了方法，沒有死背硬記。

不在於有錢，在於有心

　　父母寧願前面辛苦五六年或七八年，也不要後面辛苦幾十年，直到自己閉眼才安心。小孩要疼，但不要溺愛。鼓勵，不要放縱。陪孩子學習過程中，偶爾可以減量，但不要停下來不做。因為當英語不夠好時，一停下來，很快就會忘光光，等於前面都白做了。

　　陪孩子學英語，不在於金錢或家長本身的條件，而在於家長有沒有心。

　　父母可以在家中製作英語投影片，充實生活常識，把學習當遊戲。周末，孩子賴床，就把有聲書打開，英語或國語都行，讓孩子躺在床上也可以學習。我敢說，自己念來的語文，不會不見。

　　還有，英語是學來用的，不是學給別人看的。

04 口音，六歲成形，十二歲定型

越小學英語，不一定會學得很好；但越小學英語，越沒有口音

　　我一生最大的遺憾就是：太晚學英語。

　　電視影集《失蹤現場》劇情片段，男主角與太太離婚，太太把正在念小學的兩個女兒帶到芝加哥去。她們離開紐約才三個月，當朋友問他女兒最近怎麼樣。男主角竟然回答：「她們現在有一口好笑的口音。」（funny accent）

　　不同地方的人，口音有差異。口音，也成了不同地方的特色。

　　口音六歲成形，十二歲定型。在六歲至十二歲之間，小孩會隨著環境的變動而改變口音。如果常常在家聽英語有聲書，口音比較不會受外界影響。彰化市有位小學英語老師跟我說，班上有個男生本來講一口道地美語口音，一年前換了另一家補習班，現在他的口音竟然變得有點「台」。

口音無罪，但發音要對

　　有一回，我在大直高中家長成長班演講，主持人

早早開始，慢慢來

惠老師引言時提到：「有人曾經批評成寒講英語，有口音，不像電視上的美國藝人Jeff.」

我馬上接過麥克風，無奈的說：「因為我從小欠栽培！」

語言回到初始的起點，其實總是它最美好的時刻。

有位媽媽說：她的小孩只肯聽爸爸和媽媽念的英語故事書，不喜歡聽別人念的。

父母的聲音對小孩來說是最熟悉、最親切的聲音，從娘胎一直聽到出世，每天都在聽。父母的聲音給予孩子相當大的安全感。我認為值得這樣念，尤其幼年時，把孩子抱在身上，念書給他聽，那種親密感是長大以後很難體驗卻懷念不已。

但念英語故事書給孩子聽，也關係到孩子的發音。當孩子有機會學得一口字正腔圓的英語時，又何必讓爸爸媽媽好心「帶壞了」？以前「菲傭英語」衍生的議論，大家忘了嗎？

我的建議是，父母念故事是陪伴，但主力還是要放在聽英語有聲書。

念英語給小孩聽，可促進親子關係，但只能占學英語的小小一環

04 口音，六歲成形，十二歲定型

（以免學到比菲傭還糟的口音）。大部分時候應該引導小孩常聽英語故事ＣＤ，尤其是內容活潑、富節奏感的，這樣一來，小孩就容易講一口漂亮的英語。

名主持人沈春華竟然是「本省人」

年紀（age）和口音（accent），彼此有絕對的關係。

越小學英語，好處在於口音較能模仿得很像英語人士，咬字較清楚，也就是說，越早學英語，越沒有口音。

像我十七歲開始學英語，之前從來沒有聽過英語，所以我講英語，一定有口音，令我感到相當遺憾。當然，有口音也無妨。我走遍世界各地，聽到各式各樣的口音，一點也難不倒我。相較之下，我的口音好像還比一般非英語人士清楚多了。

台灣的四年級生，或五年級前段生，常常可以從他們講話的口音立即判斷他是外省人或本省人。至於更年輕的一代，尤其從小廣播及電視普及，簡直是「口音無國界」了，難以分辨父母親的省籍。台灣著名女主播沈春華一口字正腔圓的國語，我一直以為她是外省人，但實際上她在高雄長大，全家人都說台

早早開始，慢慢來

語，到現在她的哥哥們也都是說一口台灣國語。

　　為什麼沈春華能說一口標準國語呢？因為同儕的關係。

　　她從幼稚園起，最要好的朋友是個眷村女孩，這造就了沈春華今天的口音。因為口音六歲成形，十二歲定型（這是個平均值，有人稍微提前，有人延後一些）。

　　我認識的許多移民兄弟姊妹，倘若剛移民到美國時，姊姊已是國中生，弟弟才小三的話，十年後他們都說一口超流利的美語。但姊姊說的英語，一聽就是有台灣口音，而弟弟卻沒有。

　　人的耳朵的生理構造，主要分為外耳、中耳、內耳三部分，連接神經至大腦，構成聽覺系統。

　　我請教過長庚醫院耳鼻喉科楊醫師，他說人的聽神經功能會隨著年齡漸進性下降，導致學外語，因聽不太清楚而難以模仿。另外，年紀越大，軟顎（soft palate）彈性變低，也會影響到發音。

　　如何判斷一個人英語聽力好不好？很簡單。若聽速度正常的英語，聽力佳的人，就能聽清楚 a, s, ed, the……

　　桃園市 Emma 老師英語教室有一百多個學生，根據 Emma 老師的長期觀察，她說：從跟述的練習，小五以下的學生，聽得清楚，跟述跟得很漂亮。小五以上的學生，跟述能力比較差，顯然是聽力比較差。

　　而十二歲以上學外語，小時候沒用過的發聲部位，長大以後也很難精準使用。例如：說國語，不會捲舌的人，也很難說出英語的r。

05 陪小孩學英語，軟硬兼施

未雨綢繆？或亡羊補牢？

孩子小，不懂事，無法深刻體認學英語的重要性。

可是，到底是未雨綢繆？或是亡羊補牢？家長總要做個選擇。

我常跟許多家長說：一旦小孩的學習出了狀況，盡可能要自己親自下海，陪小孩學英語，不管小孩有多大，都來得及補救。家長要隨時掌握學習狀況，不能隨便交給別人，自己不管。

台中有位媽媽為女兒請了個英文家教，教了五年，忽然發現小孩的英語並沒有多大的進步。天哪，五年耶！五年是不短的光陰，一晃就過。這五年來，她女兒除了老師講的英語外，從來沒聽過任何有聲書，也沒背過單字。

五年，應該都可以過門檻了。可惜，時光不能倒流。

已經有點懂事的小孩，自主性太強
我建議陪孩子學英語，爸爸媽媽躍躍欲試。

早早開始，慢慢來

　　正在念大二的兒子回家，五十歲的媽媽一股熱勁對兒子說：媽媽陪你學英語，好不好？

　　兒子不假思索回答：不要。

　　媽媽當場感到十分錯愕，不知如何是好？

　　這是想當然的結果。大孩子太有主見和意見？不像小小孩容易擺布。

　　而我說的陪讀英語，並不是用問的，而是半推半就，半強迫性的。

陪孩子學英語，軟硬兼施，賞罰分明。孩子背完一頁單字，投一元進撲滿。（Wei 提供）

05 陪小孩學英語，軟硬兼施

在適當的時機，大人和小孩心情都好的情況下，直接對孩子說：我們今天來背兩個單字，或我們今天來聽個五分鐘的英語。

剛開始，因為份量很少，小孩多半會勉為其難的答應。就算討價還價再減價，一次背一個單字，聽兩分鐘都好。

每天背一個單字，七天就背七個單字。

第二個禮拜增加為每天兩個字，一天背兩次，加起來四個字，一周就有二十八個單字。做久了，自然成習慣。

教養孩子，疼愛但不縱容

通常在兒女獨立謀生之前，他們都要向父母伸手，所以，父母也有權利要求兒女回報，念書，學英語，就是兒女盡本份，而盡本份也算回報父母。雖然這份回報是直接對兒女有益，但兒女學好，也直接對父母有益。寧願現在操心，也不要以後操心。

教養孩子，要疼要愛要鼓勵，但不是縱容或隨他去。手段採取威脅利誘，軟硬兼施。

有位媽媽聽我這樣說，她便把握小孩要玩電腦

早早開始，慢慢來

前、吃點心前、要零用錢時，先來念英語。在半推半就的情況下，勉為其難念了兩個月，小孩念習慣了，漸漸喜歡上英語。

然後，每天就乖乖的、認命的背單字，聽英語。

說實話，剛開始，每次都是半強迫幾分鐘學英語，真的要不了小孩的命，也不致於毀了對英語的興趣。而努力得來的成就感及喜悅，只要一段時間，小孩便能心領神會，反而更感激父母當初的「一絲絲強迫」。

由醫生轉行歌手的羅大佑，小時候家教很嚴。父母規定他每天必須練琴半小時，他總是眼睛盯著鐘把琴練完。這樣心不甘情不願，註定成不了大師級音樂家。但也沒關係，這點音樂基礎，起碼讓他具備成為創作歌手的本錢。

對小孩多少要有一點點要求。小孩，尤其是過動兒，專注力不夠。父母不能只是放任不管，而是規定他每次學習一定的時間，比如說三分鐘，一個禮拜後延長為五分鐘，然後是十分鐘，十五分鐘……耐心是慢慢訓練的。

千萬不要忽略中文

英語學得慢，跟常識不足有關

在我義務輔導讀者的幾年間，碰到一些令人匪疑所思的事。有人只是「想學」英語，並不是真的「想學好」。那些口口聲聲跟我說，他們也很想學好英語的親友，我送了一百多套書給他們，幾個月後再問，竟然沒有人好好念，更別說照我建議的方法念。

送的東西，人家不會珍惜的。一如讀者到處download有聲資料，真正把它念進去的，有幾人呢？

我送給一位名人的太太是醫生，我告訴她不要先看再聽，但她偏要先看再聽，因為她覺得自己始終聽不清楚。我跟她解釋，那是因為妳的耳朵沒有打通，如果先看了再聽，那永遠別想打通了。可惜，她堅持己見，不肯聽我的話。

有些人甚至不是我的讀者也頻頻提出問題，居然有人來問我：「我想學英文，是否該看妳那本《英文，非學好不可》？」

看不看，都是你自己的決定；學不學，也都是你自己的決定。總不能叫我跟你推銷吧！哪有人問作者說，你那本書值得看嗎？你叫作者如何回答，答好或

答壞，都不是最好的答案。

　　結果另一讀者看不過去，站出來說話：「如果你真想學英語的話，就去買那本書，或是去書店翻一翻。如果你沒錢的話，去圖書館借也行，這種事有必要問作者嗎？」

中文實力影響到英語

　　還有，有些讀者的中文好像也有點問題，不只是文字表達有問題，有的連理解力都有問題。常常我看不懂他寫的，他也誤解了我寫的。

　　英語學得慢，跟常識不足有關。

閱讀習慣從小培養起，中文好，也幫助英文好。
（Victor 提供）

06

千萬不要忽略中文

　　我有個二十八歲女讀者住在海南島，她連 Tom, John, Mary 是人名或地名都弄不清楚，這樣子學英語，進步如牛步，甚至念不下去。

　　曾經，我建議一位媽媽把幾本中文書拿出來看，增加人文知識和素養，她竟回答我：「我學英文都來不及了，還看中文書幹嘛？」

　　然而，多看中文書報雜誌，尤其是知識性（非小說類）的書籍，可充實背景知識，進而提升英語理解力，讓學英語的速度加快，因而更快內化。這一點，有些讀者還是無法明白。

過度依賴，無法自行思考和判斷

　　好問，通常也代表好學。一度我非常熱心回答讀者的問題，以致於耽誤了我寫書的時間。

　　而有些書上明明已經給了全部中文翻譯，他們還是會來問那是什麼意思。究竟是我太負責任，一心想要幫助他們，以致於給他們太方便，造成他們處處依賴我嗎？還是因為有了依賴感，既然隨時都可以問我，所以讀者們懶得自己動腦筋？

　　實際上，許多句子一時不解，但隔會兒或隔天重

新閱讀，有時便豁然開朗了。學英語，要給自己思考和判斷的機會，這才叫活學。若是處處要人給答案，那就是生搬硬背。

如《成寒英語有聲書6——聖誕禮物》就算已經有全文翻譯，還是有讀者抓住其中一句問我：

幫人剪頭髮賣頭髮的女人對著女主角說：

"It＇s bein＇ the Christmas season and all ⋯⋯twenty dollars it is."（既然是聖誕節…那就算二十塊吧。）

讀者問："and all" 是什麼意思？

我的回答：她本來想講什麼，但欲言又止，你看中文翻譯後面的⋯⋯ 就應該知道啊！

可見有些人對中文標點符號也不太清楚。

小小孩可任由大人擺布

小孩的國文好不好，決定權在父母，而非學校的上課時數。

我小學以前完全不識字，小二便能看中文報紙，歸因於有效率的閱讀。

小小孩的語文，是可以任由大人擺布的。你給他什麼，他就吃什麼。小孩在某些方面是父母的翻版，家裡看視，小孩就看電視；家裡打麻將，小孩就打麻將；家裡在看書，小孩就看書。

中文學習過程中，在未過門檻前，也要依循「小一不能念小六，而小六也不能念小一」的原則。若中文已經過門檻，研究生去念小一，倒

06 千萬不要忽略中文

也有返老還童的閱讀趣味。

　　小一生看繪本，小二生也看繪本，到了小三，就應該提升閱讀程度，不能再看注音版書。而到了小四或小五，簡易版也該功成身退，開始看真正的大人書了。倘若一直看繪本，語文能力便有依賴感，像騎單車，大人一直不放手，小孩就永遠不會騎。

　　語文學習過程當中，一定要看或聽比自己程度高一點點的內容。

如何提升普通常識

　　對大人來說，是普通常識（common sense），對小孩來說，就是認知能力，兩者是一樣的道理。

　　許多讀者可能從小沒有閱讀課外書的習慣，許多人名、地方、事物皆不太清楚，甚至連聽都沒聽說過，造成英語的理解力不佳，學習進度緩慢。

　　像我的英語學得快，歸因於在真正學英語之前，我遍覽群籍，外國人名地名非常熟悉，而這些中文發音與英語發音十分雷同，讓我一聽英語有聲書就能懂。許多單字第一次聽到聲音，就知道是啥，看到也認得，但不一定會拼寫，因為有些地名的確很怪，如新墨

早早開始，慢慢來

西哥州的 Albuquerque. 也就是說，我在眞正認識英語之前，這些單字我早就知道了，而且不只是知道而已，我還深知這個人名的背景，這個地名的當地特色。當有聲書裡一出現時，我簡直是他鄉遇故知，一下子就變成好友啦！

這個問題，其實很容易改善：

1. 每天花十至十五分鐘看中文報紙，尤其是國際版。若有一天能練到十五分鐘能看完一份報紙，表示中文理解力很強。
2. 中文雜誌也常常翻一翻。
3. 中文書籍，小說類：啓發想像力和創意。

   非小說類：知識性的書籍除了啓發創意，還能看到眞相。

   第一遍看的時候，不必看得很細，用瀏覽的方式快快看過。第二遍再細讀。
4. 聽演講也是一個方法（但限知識類，而非心靈成長類）。

普通常識豐富的人，不管講國語或英語，總是比較有內容。從周遭的親友即可判斷，大家都覺得這個人很會講話，但到底是滔滔不絕？還是喋喋不休？一個人講話除了速度、語調、表情及肢體語言外，最重要的是基本功：內容。

學不好英語，與過去的中文讀書習慣有關

我在想，少數讀者，嚷著要學好英語，卻又經常念不下去，是否與

06 千萬不要忽略中文

過去的讀書習慣有關？

　　我十七歲之前，因為英文太差，我只好把多出來的時間都花在看世界名著上。動不動就看超厚型的西洋翻譯小說：如三大冊的《基度山恩仇記》、九百頁的《飄》、六百頁的《齊瓦哥醫生》……書這麼厚，想要看完它，需要一點耐心。而這些書，每一本我至少看五遍：第一遍看故事，第二遍以後，學習作品的遣辭用字，研究作者的寫作風格，欣賞故事的中心思想。

　　我在想，或許，中文基礎和習慣累積下來的結果，讓我一開始學英文，只要一用對了方法，就學得又快又好。

　　對了，我在第一篇〈英語的門檻〉提及苗栗一個小男生，才九歲，就已經能聽懂《福爾摩斯》英語有聲書（也許不是100%聽懂，但起碼已經享受到聽故事的樂趣）。

　　我問過他爸爸，原來小男孩在上小學前，已經看了數百本中文童書，難怪他的理解力不錯。

　　這個世界真的很公平，起碼在學習語言上。

　　有付出，就有所得。

　　付出少，得到少；付出多，得到多。

早早開始，慢慢來

第2章 家裡是
最好的英語村

07 教孩子認識**字母**

先認識字母，然後再認字

為字母著色

在 google 搜尋各式各樣的 alphabet（字母）

1. 把這些字母貼在 word.

2. 放大列印出來，每天給小孩玩著色遊戲。

3. 漸漸就能記住字母的長相。

每天給小孩玩字母著色遊戲。（嘉惠 提供）

早早開始，慢慢來

認識字母，像玩尋寶遊戲

　　認完二十六個字母以後，可隨便抓一網頁印下來，讓小孩用色筆圈出字母，好像尋寶遊戲一樣。

每次只找一個字母，比方說：

今天找Ａ，明天找Ｂ，後天找Ｃ……

認識單字的方法

孩子二十六個字母全部認熟之後，可以開始認字。

比方說：tiger

找網頁上有好幾個 tiger 的那頁，把字放大印出來，讓小孩從中尋寶，看他能找出幾隻 tiger，或其他已經聽熟悉的單字。如果該頁的 tiger 單字比較少，家長可以自己偷偷放幾隻進去。

這樣漸漸就能認單字了，單字認多了就能簡單閱讀。

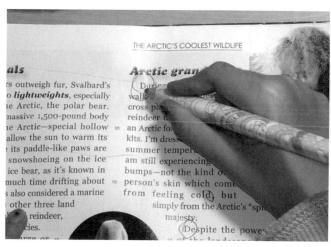

教孩子先認識字母的長相。
（嘉惠 提供）

再從文章中玩尋寶遊戲，把這個字母一一圈出來。
（嘉惠 提供）

08 幫孩子製作**有聲圖片**單字卡

小孩練習發音，大人矯正發音

　　小孩的耳朵好，聽得清楚，發音就發得正確漂亮。小孩聽多了英語，也會常常糾正父母的發音，這時父母要維持風度，「虛心」接受。

　　偶爾讓孩子扮演小老師的角色，也是在鼓勵他學習。

追著媽媽討單字吃

　　李老師任教於國小，有陣子常來聽我的講座。閒聊之下，得知她有個兒子，當時剛滿三歲。

　　我跟她建議：「您現在就要開始，讓小孩聽英語，認識英文單字的聲音。」

　　這個階段的小孩，學英語，胡亂聽，胡亂講。做媽媽的，只要隨便教教，沒有壓力。學多少，算多少。

　　沒想到，我的話她真的聽了進去。

　　她研究了大約一個月，參考我設計的生字簿格式——八個單字為一個單位。用 power point 做每排八個單字，有圖、有發音。圖片是從 google 抓下來的，單字聲音則從「成寒部落格」的有聲字典下載。就這

早早開始，慢慢來

樣，她製作了一系列「有聲圖片單字卡」。

她兒子是獨生子，平常放在保母那兒，只要媽媽下班回家，就一個勁兒黏著媽媽不放。

媽媽放投影片，他也要放。他會自己點開來看圖片。一邊放，一邊聽聲音，很快把那些單字背得滾瓜爛熟。連上下順序的單字都記得牢牢的。

你只要說了第一個單字，他就哇啦哇啦把剩下的七個單字，中英文，一口氣講完，想都不必想。

媽媽總是趁著兒子睡著以後，埋頭電腦前做有聲生字卡。有時候，辛辛苦苦花了兩三晚做，兒子竟然在一個晚上就把單字全部吃光光。然後跟在媽媽屁股後面，追著媽媽討單字吃。

大家想像一下那幅畫面：

一個小不點兒，追著媽媽，不是討糖吃，也不是討玩具玩──而是討單字吃……

從三月一日起，在三個多月內，這小傢伙共吃下七百個英語單字，背得滾瓜爛熟。雖然不會拼字，但有點認得中英文字的長相。

七百個耶！

李老師與我分享她的育兒經驗。

她跟我說，她從兒子襁褓時期就抱著念中文故事書給他聽，所以小孩還滿喜歡書的。

08

08 幫孩子製作**有聲圖片**單字卡

你瞧，事情做起來並不難啊！只是有沒有想到，以及有沒有去做而已。而中英文，從小一點一滴吃進去，小孩的語文怎會不好呢？

「用耳朵聽」，而不是「用眼睛看」英語

自然發音或ＫＫ音標不一定準確，因爲有太多的例外及不規則，英語要「耳聽爲憑」。

我不反對學自然發音或ＫＫ音標，但與其背那麼多的不規則，還不如直接聽英語有聲書，自然就很會發音了。像我這樣資質平庸的人，腦子裡實在記不住這麼多的規則啊！

但你看，我的許多小讀者還不識字，如四歲的Vivi、五歲的寬寬，他們可以說出字正腔圓的英語，那是因爲他們「用耳朵聽」，而不是「用眼睛看」英語。

舉例：star（星星）, mustard（芥末）

這兩個字拆開來的 star 相同，但合起來發音卻不同。我聽多了英語，連想都不必想，自然發出正確的音，管他什麼規則呢。假若講英語時還要想，這個字的發音規則到底如何？別人是否會覺得我的腦子有問

題？

　　舉例：produce（生產 v.），　produce（農產品 n.）

　　明明一模一樣的字，發音卻不一樣。我試過在網路上的韋氏字典打出發音，打得出 produce（生產 v.），卻打不出 produce（農產品 n.）。不得已，只好找到 YouTube 的影片，聽真人講才準確。

如何製做有聲投影片？

　　有聲投影片，也就是「有聲圖片單字卡」，製作方法很簡單！

　　只要你的電腦檔案裡有一張投影片，你就可以把它複製成千萬張。把原投影片上面的圖片刪去，放上你自己的圖片，再打上中文和英文。

　　如圖示範的是我在曼谷旅行拍攝的照片：機場 airport、鬼頭刀 mahi mahi、馬蹄蟹 horse crab，中英文並列。孩子同時認中文也認英文，一舉兩得，只是中文沒有發音而已，但爸爸媽媽可以帶著念。「有聲圖片單字卡」不僅讓孩子學到中英文，也增加生活常識，培養認知能力。

　　有聲投影片，不僅可以讓小孩練習正確發音，大人也可趁此機會矯正發音。

如何下載單字的聲音？

　　從成寒部落格連結的「有聲字典」，打出發音，有各種字典可以選擇。

08 幫孩子製作**有聲圖片**單字卡

如何下載單字聲音：「會發音的字典 1」

http://cdict.freetcp.com

作法：

1. 按右鍵
2. 另存目標
3. 打出檔名
4. 然後儲存

早早開始，慢慢來

幫孩子製作有聲圖片單字卡。（成寒　提供）

機場 **airport**

如何下載單字聲音：「會發音的字典2」

http://mw4.m-w.com/dictionary

作法：

1. 按單字旁的紅色喇叭符號，出現小視窗

2. 從〔Click here to listen with your default audio player〕按右鍵

3. 打出檔名，然後儲存

　　每背一些單字，可以把有聲書拿出來聽一遍。一是從句子裡複習單字的聲音，二是從文章段落中再度聆聽這些單字的用法。

刀 mahi mahi

馬蹄蟹、鱟 horseshoe crab

念給孩子看，吊**孩子胃口**

孩子大了，不能碎碎念他

日本管理大師大前研一有句話：「對自己現在的人生如果還有不滿的話，就表示自己爲幸福付出的學習還不夠。」

問題是，人總要等到未來對人生不滿的時候，才會體會到過去自己爲幸福付出的學習眞的不夠。

這句話，大人感同身受，因爲已經是過來人。但小孩呢？小孩哪裡會懂？大前研一的時間管理要訣，基本上是：「無聊的事不去做、也不去想。」偏偏大部分的孩子都不懂事，最愛做無聊事，最愛想無聊事。

以身作則的媽媽

小孩子不懂事，那怎麼辦？

台中的楊老師說：「孩子大了，不能碎碎念他，而是要感動他，避免破壞家庭關係和諧。」

她的孩子都已經上了國中，不再處處可讓大人擺布的年紀。楊老師剛開始學英語，自己悶著頭做，聽英語，背單字，連續做了兩個星期引起女兒的好奇心。她受不了媽媽媽到底偷偷摸摸在做啥事，居然沒

早早開始，慢慢來

有跟他們分享。

其實，媽媽心裡早有打算。美國的AMC數學教授今年暑假要在台灣用英語講授美國數學設計的理念，她要利用這段時間，好好訓練兒子的聽力和理解力。可是這麼大的孩子，可不是媽媽喊他聽英語，他就會去聽。

媽媽倚在客廳沙發旁看《躺著學英文2》書上的英語笑話，笑得好開心。兒子見狀馬上搶走，還問她 hair 和 hare、wave 的笑點是什麼？咦，興趣來了！

她是個絕不嘮叨的媽媽，孩子念書時，只提供詢問，備水、點心、

學習要把握時間，利用進幼稚園前的一分鐘，複習一下孩子的單字。（Victor 提供）

09

念給孩子看，吊**孩子胃口**

水果，其他的不多說。

媽媽成天有空就聽英語，自得其樂的樣子。直到有一天女兒受不了，搶來聽。聽了些天，又問媽媽怎麼沒給她做克漏字？「今晚吧！早就備好等妳了！」

楊老師給我的信：

為了小孩，老人家會持續努力的。從初中到現在快四十年了，我的英語還沒學過門檻。這次再不做好，我還有另外四十年的光陰學英語嗎？

早早開始，慢慢來

父母自己有在學，才能體會小孩的辛苦

學英語這件事，兩代之間常有代溝。孩子心裡喊著：心事無人知。

許多父母自己學不好英語，可是也不明白，為什麼孩子繳了這麼多錢，學了這麼久，英語好像也好不到哪裡去。我建議父母自己要身體力行，跟著學學看，這樣才比較知道「民間」疾苦。

Emma 老師在桃園靈糧堂開辦全人成長班社區服

務課程，當初的用意，只是爲了澄清家長的觀念。家長來上課，一方面自己的英語有長進，同時對英語學習的觀念深入了解，這樣才不會對小孩有所焦慮。唯有家長的觀念正確，才知道如何幫助小孩。

一位媽媽有感而發：「現在才覺得我的小孩其實滿厲害的，克漏字都填得出來，而我自己聽了好多遍，老是聽不清楚。」

新竹讀者 Victor 說：

有一天早上，我利用進幼稚園前的一分鐘，複習一下女兒的生字。

她竟然嘟著嘴對我說：「每次都是複習我的……」

我趕緊說：「我們現在只有一點時間，所以先複習你的。爸爸的會另外找時間複習。」

學習風氣是會互相感染的。清大研究所畢業的阿男，目前任職於台北一家著名科技公司。他說自己一直很忙，英語學學停停。那天他來聽我的講座，散會後跟我信誓旦旦：「我現在要更努力，這樣才能帶動我弟弟學英語。」

09

IO 背單字的方法

我十七歲以前完全不會英語，聽不懂也不會發音，我的單字全部是死背下來的。我把每個單字當成圖畫，背單字猶如在背圖，所以我是記住圖形，而非記住單字，這程度怎麼可能好呢？

我以為沒有人像我那樣笨的做法，然而，偶爾收到讀者的 e-mail ，說他們以前也是這樣硬背單字，可惜這個「笨蛋」的專利權已被我捷足先登了。

單字要用聲音背

單字要用聲音背，不要用手背。

單字的聲音不一定和字典裡標的音節一致，主要是念起來自然切開的部分，如 ye-s-ter-day.

至於小孩一天能背多少個生字，就要看孩子的能耐。我想，大部分小孩都不愛背生字吧。

那可以先從一天背一個字開始，再逐漸「加薪」。

用生字簿，比用紙面 flash card（單字卡）有效。因為「生字簿」一次背一個單位七至九個單字要花比較大的力氣，當然比「單字卡」一次閃一個單字來得效益高。請參閱〈遞減背誦法〉這篇生字簿的格式。

雖然許多人的電腦工夫很厲害，但我仍然建議使

早早開始，慢慢來

用生字簿，原因如下：

1. 每次都要開電腦才能背，很麻煩。
2. 電腦螢幕不好遮住一邊，常會偷看到，複習效果不佳。
3. 使用生字簿，走到哪背哪，只要有一分鐘就可以複習。如等車、等朋友、等醫生、等菜端上來、在銀行排隊……

背單字相當於儲蓄存款，留給小孩永遠用之不盡的財富，享用終生的無形教育基金。

有效率的背，背了不會忘

英文單字共有一百萬個字，你花一輩子甚至三輩子也背不完，更何況，新字不斷出現。所以要更有效率的背生字，記住我的話：多做，沒用；少做，更沒用。

背的時候，拿起生字簿，只看著中文，或只看著英文，然後用嘴巴大聲說出來，不要用手寫。

舉例來說：食材 ingredient

你這樣背：先念出整個字的聲音，然後拼出：in-gre-di-ent。這樣的背法，只要你牢記字的聲音，通常能拼得出來。尤其當你背更多單字以

背單字的方法

爸爸為小孩做的生字簿，圖文並茂，非常有藝術天份。（Victor 提供）

早早開始，慢慢來

後，聽到任何字，大部分都能拼出來，即使不認識的字，也都能夠拼。

生字簿的大小

　　還有，生字簿的大小也很重要，每頁只能七至九個字。

　　這在心理學上是有根據的，人類的記憶單位就是七至九個字，看你的手機號碼和電話號碼就知道。

　　昨晚剛背的新生字，最好一早起來就複習，趁熱吃，最爽口，複習一頁只要花半分鐘。若拖到晚上再複習，花的工夫要更多。

　　而生字背了半年，一頁格子裡填滿了日期，一定要撕掉。因為只要繼續聽和閱讀，任何字都會再出現，只要再出現，就會勾出你的記憶，然後再也不會忘。半年後不撕掉，就會「勾勾纏」，沒完沒了。

爸爸媽媽自己背背看

　　爸爸媽媽教孩子背生字，可是自己從來沒有背過生字，因此，不知道背生字的辛苦和方法。

　　有個媽媽一口氣就把整個故事裡的一百多個單字挑下來，叫小孩背一整個晚上，結果只記住十個字。

　　哎呀，孩子哪那麼厲害，第一次背就記住那麼多個生字，又不是天才。

　　爸爸媽媽，請您們自己背背看就知道。

背**有意義**的生字

單字不是孤兒，它有兄弟姊妹

孩子所背的單字，要從他正在聽或看的內容中挑出，這個字才跟他有革命情感。最好是有聲書裡的單字，有聲音，容易記。尤其是有上下文參照，他更可以知道這個單字的用法，而非死背孤零零的單字而已。有上下文，以及背景架構支撐，這才是有意義的生字。

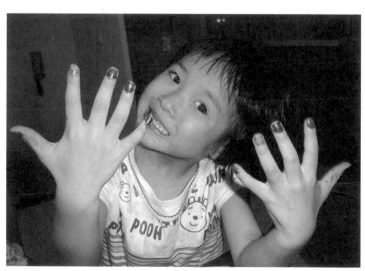

把顏色塗在指甲上，讓孩子認識顏色，這樣也算背有意義的生字。
（Victor 提供）

　　有時候，我會聽到讀者誇耀他辛苦背完整整兩大本單字書。了不起，我打從心底佩服。然而，過了兩年，我問他那兩本厚厚的單字書，還記得多少？他搖搖頭。

　　別人挑的生字，跟你有什麼關係？如同，別人挑的男朋友或女朋友，干你何事？

　　許多讀者告訴我，單字書枯燥乏味，背了兩頁，連Ａ都沒背完，就再也背不下去。我自己完全做不到。單字不是孤兒，它一定有兄弟姊妹。

幼童不要背抽象字眼

　　光背單字是不可能真正學好英語的，您必須多聽有聲書，訓練全面理解力，這樣才能確保「聽」、「說」、「讀」、「寫」樣樣行。

　　幼童因認知能力有限，只背一般名詞和簡單的動詞，不要背抽象字眼。不知道的東西，就要上 google 看圖片。而幼童認知有限，圖片不只看，有時還要稍為解釋一下圖片內容，以免會錯意。

　　抽象的字眼，如〈瑪麗有隻小綿羊〉裡的 linger（流連、徘徊），大人必需花很大的力氣才能解釋，而小小孩仍不一定聽得懂。

　　有空的時候，帶小孩到傳統市場、超市和水族館走走。東看看，西晃晃，滿足孩子的好奇心，增加認知能力。

背**有意義**的生字

早早開始，慢慢來

不懂的，就要查

　　有讀者跟我說，他念英語的方法就是把單字的中英意思背下來，因為急著要念完，所以沒時間去查到底是什麼含義？

　　我說：這樣念，根本不能叫做學英語。

　　舉例：wild west show

　　我在有聲書裡做註解：西部槍戰表演。然而，光是這樣死背中英文解釋，這個單字仍然無法內化。

　　這時你就要去查英語網頁上的介紹，然後看 YouTube 的影片：

1. 迪士尼

http://www.youtube.com/watch?v=hmR6vKgk3Jo&feature=PlayList&p=F104330...

2. 環球影城：

http://www.youtube.com/watch?v=Z0h-C9VFwmw

　　學英文，絕對不能狹隘的學，要背字義，可是也要深入了解文化背景。

　　我在一齣傑克尼柯遜演的電影裡（忘了片名）看到以下情節：

　　他女兒很小的時候，傑克尼柯遜到外地打棒球，好幾個月沒回家。有一天接到女兒的信，上面寫著：

　　爸爸，如果您不趕快回信給我的話，我就要逃家去參加馬戲團。

　　爸爸，媽媽養的母雞最近生了一窩小雞。您可以想像一場 wild west show 正要上演……

　　這裡的意思是：他們家馬上就會「雞飛狗跳」。

　　當你深入了解文化背景，確實了解其意，這個單字才能夠活學活用。

　　背有意義的單字，效果奇佳。一旦背更多單字後，進步有如十倍速：一至五千字，一分錢一分貨；五千至一萬字，半買半送；一萬至一萬五千字，買一送十；一萬五千字以上，天上掉下來。

遞減背誦法

　　許多人以為小孩的記憶佳，那可不盡然。

　　事實上，小孩是快記快忘。他們只是短期記憶佳，長期記憶就不見得。台南的小學老師 Wei 的女兒才三歲，精靈聰慧。可是，她半年前背的一堆蔬菜水果，半年後的今天，已經忘得一乾二淨。

訣竅：反覆背誦

　　要永遠記住一個生字或片語的唯一訣竅：反覆背誦。要用力背下來，而不是看看就會。

　　除非天生具有「過目不忘」（photographic memory）的工夫，不然，學英語就是要重覆——重覆——再重覆。

　　而且，要跟它有革命情感，從有聲書裡聽熟聲音，然後挑下來背。

　　我的方法很簡單：準備一本有橫格的小冊子，每頁可填上八、九個英文單字或片語，每個單字或片語

之間空一行，看得比較清楚。一頁的生字不能太多，以免無法負荷；太少了，又收不到永久記憶的效果。

我設計的遞減背誦法，使用的生字簿有存摺簿的功能。背單字，就像存款一樣。

一次背一整頁，每背一次，全對，就寫上那天的日期。如果你那天背三次，每次全對，就有三個同樣的日期。依遞減方式，有規律的做，半年後就可以撕掉這一頁，等於把活期存款轉入定存，牢牢不忘。

單字，像存款一樣

就像存款一樣，早上存一次，晚上又存一次。看著存款簿上的數字越來越多，好有成就感。

自修者就要經常如此為自己打氣，樂在其中！

你有多少存款，不一定要讓別人知道。

一旦存夠了款，不久的將來就可以掏出來揮霍，別人要羨慕也來不及了。

有讀者對背完的生字簿，每一頁都捨不得撕，彷彿要留給下一代的樣子：看！阿公以前多認真。實際上，不撕也不行，因會累積太多，看到還想再背，沒完沒了。

假如你只是把挑出來的生字，寫在生字簿上，卻沒有用力背下來，那就像是借來的存款，不是你的。

12

遞減背誦法

讀者問：我昨天太忙，單字沒有背完該背的三次，那我今天要順便把它補回來，一口氣背六次嗎？如果我明天再補的話，是不是一口氣要背九次。

我答：如果你昨天忘記吃早餐，今天需要吃兩頓嗎？或把下個月的飯，今天一口氣吃完，可節省時間？

生字簿的格式

學語言，要符合人性本能，尤其是背單字，更要符合心理學上說的：人的記憶單位是七到九。這點，證實我自己當初瞎打誤撞，想出來的生字簿格式，竟然符合心理學說。

從紙的中央劃分兩邊，一邊填中文，一邊填英文。另加劃幾行（相當於十六或十八格），爲了登記日期。（請參閱右圖）

每次，我遮住中文或英文的一邊，先大聲說出那個字，再把一個個字母背出來，如果整頁全答對，就在小格子裡寫上一個日期，表示今天又背了一遍。寫日期時，我總是安慰自己，又存入一筆款。看著數字逐漸增加，激發我更投入背生字。

我在彰化溪湖國中演講，有家長過來說：「成寒

早早開始，慢慢來

老師，妳一定是有天賦，英文才學得好。」

我回答她：「妳知道嗎？每一個字我都背上半年。」

「哦！」對方愣住了。我心想，她一定認為：成寒有夠笨。

用遞減背誦法背單字，每個字都要跟自己半年。

雖然，當年我用這種笨工夫「遞減背誦法」，一遍又一遍的複習，可是我在一年半內，背了兩萬個單字。十八歲之後，我再也沒有背過生字，現在，99%的生字都可以聽聲辨字，靠的就是當年累積下來的基本功，把短期記憶拉為長期記憶。

高雄林媽說：跟女兒成績一樣好的同學，考完試就把單字給忘光。但她孩子用遞減背誦法，幾個月後都還記得。當孩子嘗到成就感的甜味，她就更認真、更心甘情願的背單字了。

成寒設計的生字簿格式。（Terence 提供）

prairie	5/12	6/12	草原
	5/12	6/17	
cattle	5/12	6/22	牲畜、牛群
	5/13	6/28	
desert	5/13	7/4	沙漠
	5/14	7/12	
straw	5/15	7/19	稻草
	5/16	7/27	
creature	5/18	8/5	生物、人
	5/20	8/15	
silk	5/22	8/26	絲綢
	5/25	9/4	
throne	5/28	9/24	王座、寶座
	5/31	10/5	
cottage	6/4	10/20	小屋
	6/8	11/5	

看到人名，知其人；
看到地名，知其地

　　常常在英語節目裡聽到美國 East（美東），West（美西），當你正在學習英語時，一聽到地名，腦海中就要浮現一幅地圖，標出 East，West 的位置所在。

　　提到地名時，講到東岸 East coast，那你的心中就要浮起東岸大城市如紐約、波士頓；若是西岸 West coast，你會直接聯想到加州，因為它位於西岸靠海，而且常指明：太平洋沿岸 Pacific coast。

早早開始，慢慢來

教小孩看地圖，了解地理位置，學好英語兼培養國際觀。（嘉惠 提供）

　　反過來說，東岸靠哪個海呢？答案是：大西洋 Atlantic。而英國和美國之間有一洋之隔，這一洋也就是大西洋。

　　聽《成寒英語有聲書1——綠野仙蹤》，你可以在 google 打出 U.S. map 找出堪薩斯州的位置，這時你就會明白英語 Midwest（中西部）的涵義。

　　若是城市的話，可在 google 先打出「城市名稱」，加上 map，便可看得清楚明白。

　　畢竟，英語是活的，而非死氣沉沉的一堆字母而已。

跟著男主角一起旅行

　　地名若不熟悉，常會影響你的聽力及閱讀理解力，而地名通常只要聽聽就會（因為中英語發音類似，但不一定會拼寫），所以常看中文報紙雜誌書籍，熟悉許多外國城市的情況，無形中幫助你更了解這只是個英語地名，而不是什麼了不起的單字，學英語才不會卡在單字障礙，停滯不前。

　　如《躺著學英語2》CD〈搭便車客〉，書中附一張地圖：Route 66，美國早年非常重要的一條東西橫貫公路。你一邊聽男主角開車開到哪個地方，一邊就要在地圖上找出那個地名，跟著男主角一起旅行。地圖看多了，以後一聽到地名，你的心中自然而然會浮現一張地圖，一目瞭然，跟美語人士聊天時也自然能按圖索驥，不會茫茫然不知身在何

處……

看到人名，知其人，知其長相

我的兩本有聲書《大詩人的聲音》和《一語動人心》，作法：

1. 先聽熟了ＣＤ。
2. 閱讀書上的中英文解說。
3. 上網查這些名人（和詩人）的圖片，看這人的長相。因爲這些都是名人（詩人），每個人都應該要知道的。
4. 上 google 閱讀這個人的英文傳記簡介，快速看過，可訓練閱讀能力。
5. 聽熟了以後，把大部分句子抄在生字簿裡背下來。

早早開始，慢慢來

生字，非背不可；
生字，非背不可；生字，非背不可

「這麼簡單的單字，你怎麼不會？」

切記，不要跟孩子講類似潑冷水的話。

英語單字，只有「會」或「不會」；沒有所謂的「簡單」或「不簡單」。

為什麼單字背不牢？

英文單字，一定要背。單字背不牢，究竟是什麼原因？

先問清楚，孩子是忘記「聲音」，還是忘記「拼字」？

如果是忘了「聲音」，表示孩子不常回頭聽ＣＤ，沒有把單字的聲音聽得很熟。

為什麼單字的聲音一定要聽得很熟？因為，這樣我們才會聽，才會講啊。沒有把聲音聽熟的單字，通常流於死背。爸爸媽媽們，您大學聯考時背的七千字，到哪兒去了？

如果孩子記得「單字的聲音」，卻拼不完整： 可

能是「背」的方法有問題，或背得不夠熟練。

背單字，要用「聲音」背

英語單字，背得不夠熟，認真多背幾遍就可以
了。

但背的方法，一定要做對。

首先，一定要用「聲音」背，不要用「手」背，
所以把「字的聲音」聽熟，最重要。

聲音與字典裡標的音節大致符合，但不一定完全
一樣。你可以自己順著聲音把字分開即可，如 yes-ter-
day.

這個背法，當孩子累積一些字彙基礎後，只要牢
記字的聲音，通常也能拼得出字母來。

尤其背更多單字以後，以後聽到任何字，大部分
都能拼出來。

即使不認識的字，也都能夠拼出來。這就是為什
麼我十八歲之後沒有再背過半個單字，字彙量反而越
來越增加的原因。

早早開始，慢慢來

背有意義的單字

要背，就要背「有意義的單字」。

單字，從孩子正在聽的英語有聲書上下文挑下來的，這才是「有意義的生字」，且只要背正在念的這篇故事的單字解釋，其他解釋都不必背，以免越背越多，反而背不起來。因為有故事背景架構支撐，加上單字的聲音聽得很熟，這個單字背了才不會忘。

如果不是從有聲書聽來的，起碼，那應該是你平常早已熟悉的東西，如動物、食物、日用品等，那就從成寒部落格連結的「有聲字典」找出那個字。連續按許多次發音，跟著念很多遍。

之後複習，若忘記發音，則再按發音數遍，跟著念，這樣就會記住。

大人自己背背看

所以，我再重複一遍。

首先，一定要聽熟了那個字的聲音，然後大聲說出來，把字的聲音記得牢牢的。

以後，藉著常聽各種有聲書，或看電影電視（當聽力較好時），經常聽到這些單字，這些字的聲音你就不會忘記，也能說，也能拼。

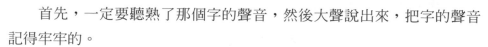

14 孩子單字**背了又忘**，要不要打他？

有個媽媽告訴我：「我教五歲兒子背單字，一個晚上背一百多個單字，為什麼他只記住十個？」

我聽到時，不禁失笑：「請問，妳自己是不是從來沒背過單字？」

「妳怎麼會知道？」她大驚失色。

「因為背過單字的人都知道，一般人根本不可能一個晚上背一百多個單字。」

單字背了又忘，不能先怪小孩，而要追究原因。

為什麼背了又忘？大人要先檢討自己，你自己背看看，如果你也是背了又忘，到底原因在哪？

背單字，有四個原則：

1. 背有意義的生字：有聲書裡上下文推出來的那個解釋就好，不要把字典裡的所有解釋都抄下來背。
2. 單字的聲音聽熟了再背，就很容易背。
3. 不要背英英解釋。
4. 當英文不夠好時，不要查英英字典，免得招來更多的生字要查。

早早開始，慢慢來

隨身攜帶生字簿

生字簿要隨身攜帶，隨時隨地，利用零碎時間複習。

生字簿裡抄的單字最好都是聽來的，（如果是文章中看來的，記憶較不深刻）。當然挑簡單的、喜歡的先背。不要以為單字背幾天很熟就不再複習，等過了幾個月，你們就互不相認，怪誰呢？

小孩背生字，賞罰分明。

西園醫院有位護士，幫五歲兒子複習單字，每成功一個字，就把一元硬幣投進撲滿。背錯了，又從撲滿裡挖出來。這些錢當做小孩買玩具的基金。

背單字，盡量不要依賴用「看」的，而是用「聽」的，把單字的聲音給聽出來。成寒英語有聲書所附的CD，後面有單字解說，可先用聽的方式把它挑下來背。

天天背新單字，複習舊單字

方法用對的話，小孩或大人背新生字的速度都很快，每頁八個單字，平均只要五分鐘工夫，最多八分鐘。之後複習，每頁一次只要半分鐘。

如果小孩每晚要辛辛苦苦背上兩個鐘頭，那絕對是方法有錯。背太多，消化不良；背太少，效率太差。

若八個單字，複習的時候只對了六個字，父母要用鼓勵的字眼：

14 孩子單字**背了又忘**，
要不要打他？

「你好棒，對了六個字。」而不要說，你這麼差勁，
竟然錯了兩個字。

小小孩學英語，同時也在學習認知能力

英文單字，要真的了解，才去背它。不然背了還
是會忘。Vivi 的媽媽與我討論：為什麼 Vivi 老是記不
住 gang（同夥、幫）這個單字？

因為她不懂啊！這兩個中文字對四五歲小孩實
在太遙遠了，可以留待過陣子再背，或要上網搜尋相
關圖片，給孩子看，並且跟孩子解釋：同夥就是一大
夥人，常常聚在一起，有的是壞人專門做壞事，但也
有好人聚在一起。小孩學英語，同時也在學習認知能
力。

人在美國，一樣要背單字

讀者裡頭有個小女生，去年考上北一女，但她不
想留在台灣念高中，八月份開學前，人已飛到美國華
府念一所非常知名的 prep school，英文程度夠好，完
全不需要補修 ESL 課程。

她從小幾乎沒有上過補習班，但每隔一陣子，家

早早開始，慢慢來

長會叫我幫她找家教，盯她自修，背生字及做克漏字、跟述等基本功。

　　而她哥哥從小補到大，國中畢業也到美國念書。他不僅降級一年，還必須補修 ESL 好幾年。哥哥在美國念完四年高中，考了幾次托福，甚至回台灣補習，居然都沒考過。後來以條件式入學進東岸某大學。但他從來不肯背生字，這個壞習慣從台灣延伸至美國，結果現在大一英文被當，學位有點岌岌可危。

　　他媽媽特別交待我，把這件事告訴每一位讀者：一定要背單字。不要像他兒子，在美國待再久都一樣。

　　其實，背單字並不痛苦，只是一種習慣。

　　習慣做久了，就跟每天要刷牙、洗臉、洗澡是一樣的。

　　有位爸爸說：「每天陪小孩背新生字，複習舊單字，背到自己都滾瓜爛熟。」

15

寶寶愛讀書

優秀的小孩，要從小栽培

天才很少。

神童更少。

優秀的小孩，要從小栽培。

語文是一切學科的基礎，在台灣的環境下，孩子先弄好了中英文，其他學科就好辦。若能在小學階段陪孩子把國語和英語走過門檻，做父母的這輩子就不必再發愁。

寶寶很愛看書呢！

讀書習慣從貝比時期開始培養。讀者 Terence 的女

早早開始，慢慢來

寶寶六個月大會爬時，大人在床上擺了一整排的英文童書，讓她自己爬去選。她爬去碰哪一本書，大人就念那一本書給她聽。（Terence 提供）

兒才七個月大，看照片能感覺到，寶寶很愛看書呢！

　　這是我寶寶三個月大時看書的照片，那時我回去上班辦交接，請朋友幫我當臨時保母。她的小兒子拿一本書來念給寶寶聽，是中文書，不是英文書。

　　小男生邊念邊指字，我寶寶眼睛還一路跟呢！哈，有模有樣，好像真的在閱讀。

　　寶寶七個月大時，媽媽有時會放一排書在床邊。把貝比抱到床的邊緣，手指著書，告訴她可以自己挑一本書，媽媽念給她聽，她馬上爬過去找書。

　　之前她喜歡《三隻小豬》（*The Three Little Pigs*），現在換口味，又喜歡上另一本，大約一星期換一本書來看。

　　當然，貝比自己還不會翻書，媽媽翻開給她看，也會念給她聽。

　　右圖照片，書大人小，很明顯的對比。看來她眼中只有書，好像在看大螢幕的靜態電影。

寶寶看書，看得津津有味。（Terence 提供）

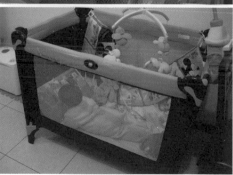

孩子在遊戲床裡自己看書，不會無聊纏媽媽。（Terence 提供）

把英語吃進肚子裡，永遠不會忘

　　每周準備一道英語餐，家長可自己烹調，或到外面買。吃以前，要大聲說出那道食物的英語名稱。

　　學英語，念到什麼好吃的東西，就去吃吃看。

　　民以食為天，有什麼事比填飽肚子來得重要。有回，在高雄一所小學演講，引言人是年過六十的男校長。他走到台前，坦言自從上了師專一年級，就再也沒有接觸過英語，當然程度不好啦！

　　沒想到，台下突然冒出一位男老師的聲音：

　　「校長，您賺到了！我們比您多學了好幾年，英語程度也沒好到哪兒去，所以您不學，反而賺到了。」

　　校長說起他個人的英語經驗。前幾年，他帶領一隊手球選手到國外比賽，由於經費有限，沒有別的大人隨行。一路上起居行動，全靠校長一人照應。

　　這些小運動員正在發育，個個胃口佳。一到用餐時間，校長就開始頭痛起來，總不能每次都去吃麥當勞或肯德基吧。比賽最後一天，校長決定帶全體隊員進當地餐館，品嚐道地異國風味食物。眾人就坐，服

早早開始，慢慢來

務生拿著菜單過來，等著校長發號施令點菜。

校長打開菜單一看，傻眼了。英語不過才二十六個字母，每個字母分開都看得懂，怎麼合起來就不懂。小運動員們個個饑腸轆轆，校長來不及一道一道查字典，只好用直覺判斷。孩子很餓，今晚的菜不能點太少，可是也不能點太貴的，超出預算就麻煩。想了一會兒，校長終於決定點了其中一整排價格比較便宜的餐點，也不管它到底是什麼東東。

服務生在一旁露出狐疑的眼神，問道：

"Are you sure?"

先洗手，然後把一片土司塗上果醬，另一片塗上花生醬，這樣就是好吃的花生醬果醬三明治。吃以前，要大聲說出這道餐的名稱哦！（Wei 提供）

爸爸媽媽的**英語餐**

"Sure, sure." 校長連點了好幾次頭,拜託,孩子們已經餓得要命。

過了不到十分鐘,菜終於端上來了——一桌子全是湯。

機會教育

每次為孩子準備英語餐,吃東西前請孩子說出這些餐點食物的英語名稱。因為英語就是要一再重覆,說了又說,才能牢牢記住,永遠不忘。

光死背,沒有用。英語,就是要把它吃進去。

我的有聲書裡有一道蔬果「甜菜(beet),在五星級飯店吃自助餐(All-you-can-eat.)時可吃到。有一天,我在講座上提到這件事,彰化的 Shelly 老師便說:「在生機飲食店就可以買到了,我常買回家打成汁,很好喝。」

讀者 Wei 是台南市的小學老師,目前邊教書邊進修研究所,無論再忙,她總是會撥出周末為孩子弄英語餐,例如花生醬果醬三明治(peanut butter and

早早開始,慢慢來

jelly），小孩子好喜歡吃。反正孩子本來就要吃東西，若吃的是英語，不就一舉兩得。

我在「成寒部落格」也開闢一個專欄「天天吃英語」，介紹各種有意思的英語吃，供讀者參考。

反正本來就是要吃東西，爸爸媽媽的英語餐更有學習效果，幫小孩做英語餐。（Wei提供）

國中小孩，
如何**自修英語**？

學校的考試有範圍，
但，英語的程度沒有範圍。

　　孩子正在念國中的家長，請不要太焦慮。

　　這五六年來，我認識的所有國中生，他們的基測英文全部都考滿分，除了一個男生外。這個男生還是念雙語國小和雙語國中，基測英文考試竟錯了四題。本來，我以爲是粗心大意，但媽媽說是小孩本身不用功。

　　學校的考試有範圍，但，英語的程度沒有範圍。不管上多少節國文課，或補多少節作文，回家都要自己看課外書，這樣才能眞正提升國文實力。

　　英語亦然。

　　一位爸爸問：

　　我有兩個小孩，一個讀國一，另一個讀國二。

　　因爲國一距離國中基測還有一段時間，應該比較沒有壓力。我想讓小的自修英語，提升眞正的實力。

　　問題是那個國二的，今年暑假之後就要讀三年級，馬上要面對一大堆考試的壓力，想讓他現在自修課本以外的

早早開始，慢慢來

英語有聲書。但因為這是較長遠性的，我怕現在讓他學習對於將來要基測的幫助不大，譬如課外的單字未必是基測考試的範圍，而學習每天勢必佔用一些時間，這樣也會影響到他準備考試的時間。

這就是時間點的選擇問題，我在想，到底現在要不要讓他念課外的英語有聲書？

課內與課外，同時兼顧

國二將升國三的小孩，現在能衝刺多少，算多少？

也就是說，能填鴨多少，算多少。

至於您所顧慮的「生字」問題，那您的想法就大錯特錯了。

只要小孩念夠多的英語有聲書，input 夠多，幾乎能夠涵蓋了大部分基測的生字，而且活學活用，能應用在作文上。難道基測會自己發明出新的生字來？

當然，學校有學校範圍，小孩一樣要顧及，不要顧此失彼。只是程度夠好，學校更容易應付。

文法也一樣，如果小孩能夠把「跟述」的部分練好，那文法題目會做更快，不用死背。

當然，這些學習都需要時間，無法用死背硬記方式。而且您自己以前死記硬背的東西，到哪兒去了？

當然，現實要緊，如果老大的時間上來不及的話，只好先應付學校

17

課業再說。

另外提醒您一點，基測英文考試，題目非常靈活，由眞正具有程度的教授出題，幾乎可以憑實力去考。不像平常考，有時候會出一些刁鑽古怪的題目，足以把「美國學生」考倒。

我在美國有位學姊，先在我的學校拿到舞蹈碩士，然後在德州女大拿到舞蹈博士，現任教於鳳凰城一所高中。而先生一度回國任職於僑委會，兩人皆屬高級知識份子。

他們生三個美籍女兒，貌美如花。

有一年，他們把小女兒送回台灣念某著名高中附設國中部，她的英文作文寫得不錯，英文聽說當然更好。畢竟是美國土生土長的，加上家庭有教養。結果，她在這所國中只念了一年。

本來她的國文就不好，但每次英文小考或段考也考不好，好不容易撐完一年，便匆匆回美。

早早開始，慢慢來

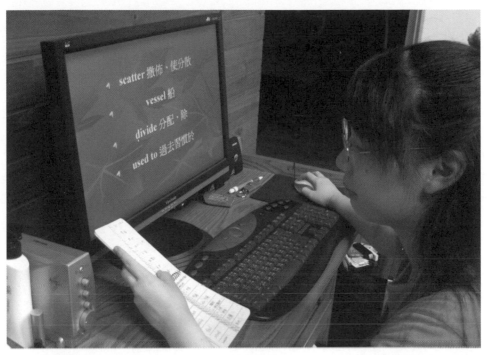

國中生首要是顧好學校的課業，行有餘力再充實課外英語，念國一的 Irene 自己製作投影片，幫助記憶單字。（Mitta 提供）

單字放入句子中，發音會變

桃園媽媽 Windy 問：

念英語故事書給孩子聽，也許是因為連音，或說一句話時習慣只是輕帶過那個音節，而使單字的聲音在句中和單念一個字時的發音有所差別。這時候，我該照那個發音好呢？

先聽，再看；先聽，再說

我的回答：

英語本來就是如此，一個單字的發音，放入句子中可能變音。

所以，我要讀者不要看原文，先練習聽，漸漸讓自己聽清楚，聽清楚了才「跟述」。

唯有「聽清楚」了才能學「說」，且說得流暢而不拗口。

因此，當這是「單字」時該怎麼發音就怎麼發音；而放入「句子」裡該怎麼發音就怎麼發音。耳聽為憑，你的發音不是看來的，應該是聽來的。

只要能聽得清楚，就容易說得順溜，即使有口音

早早開始，慢慢來

都無妨。

　若是聽不清楚，用看的，當然就比較難說出流暢的句子。

　這一點，更證明聽英語的年紀要更小，在聽力仍然純潔無瑕時，就要常聽英語。這份與生俱來的功力，一旦不用，到後來自廢武功，以致於學習備加辛苦。

不能照音標念句子

　看音標念單字也許還可以，但絕對不能照音標來念句子，念段落，或甚至念一本書。東吳大學陳牧師訴說他的國外講道經驗，以前他用音

標念，一個個字念得清楚又標準，結果聽眾毫不感動。陳牧師是非常幽默，很會說話的人，怎麼會感動不了教徒呢？後來他換個方式，不看音標，換聽有聲書練跟述，後來去講道就流暢多了，看得出台下聽眾因他

而動容。

　　讀者 W.Y. Chen 來函：

　　幾年前，我在美國社區大學上免費的成人學校，明明我就是按著音標「標準」發音，可是老師就是聽不懂我在講什麼。

　　反觀來自中南美洲的同學，講著我覺得不標準，且有濃濃的西班牙口音的英語，老師竟然聽得懂，當時實在納悶得很。

　　後來我才知道，原來靠音標來念課文，並不是很準確，不能靠音標發音來念英語文章。

早早開始，慢慢來

第3章 英語沒有魔法，只有基本功

90% 聽 & 跟述。
10% 背生字、閱讀、文法及其他練習

但是，英語絕對不是聽聽就會。如果10%的背生字、閱讀、文法及其他練習，沒有做得很確實的話，那90%的聽 & 跟述，是沒有什麼作用的。

小三或小四以下的孩子，不必做克漏字。學英語的步驟，只有三招：聽、跟述、背生字，一個都不能少。

每個人都可以學好英語，不需要天賦。眞的，學英語，也不是聰明人的專利。因爲學好英語，只是爲了聽說讀寫能用就夠了，一開始，標準不必訂太高。倘若要成爲英語作家或偉大的演說家，不是不可能，而是下一階段的事，不必想太早。

學英語，三大攻略：

1. Study as a whole　完整學習
2. Cross reference　交叉參照
3. Divide and conquer　各個擊破

早早開始，慢慢來

　　「完整學習」，一如唱歌，先聽熟悉整個調調，再唱就容易多了。然後「交叉參照」，查詢不同來源的資料，以求觸類旁通。最後就是「各個擊破」，文章先聽或先看，背單字則是最後的作業。不要顛倒過來學，先背單字，再聽或再看，這樣的結果是見樹不見林。請參閱《成寒英語有聲書3──尼斯湖水怪之謎》金堅老師的序文。

書 vs. 短文

　　在我學習英語的過程中，所聽的幾乎都是完整的英語有聲書，大部分有故事性情節，具節奏感。從聽的過程當中，耳朵爬梳於上下文間，自然學到遣詞用字，這樣得來的語感，常常連想都不必想，即可同時運用在「說」和「寫」上頭。

　　為什麼強調是「書」，而不是短文？因為一本書不僅是文字而已，尚包含深度的文化精華，從頭到尾聽完或看完一本好書，吸收到的不僅是英語，還有深層看不見的，但影響長遠的內在精神和既廣也深的視野。

　　許多人學英語，一輩子沒有真正聽過或看過完整一本「書」，那英語程度怎麼可能會好呢？

19

「讀」和「寫」讓你有時間「想」，但「聽」與「說」要立即反應。

考試引導教學方式，是沒有錯的。

自二○○七年五月開始的新托福考，就是爲了改變全世界教英語的方式，也就是說，托福單位藉著改變考試形式，期望改變英語的教學法。

現在完全不考傳統文法測驗，考綜合測試，聽、說、讀、寫的整合能力。有一些考題要求考生必須在讀和聽之後，說出答案。或者聽了再說，或者是讀和聽了之後寫出答案。學生對著麥克風講。有三到六名考官聽他們錄下來的答案。

我舉個例：

Q：第一題約略這樣考：耳機裡傳來一個老美哇啦哇啦說一大堆，請你在電腦上打出剛才講話的內容，在限時間內。

Q：第二題約略這樣考：耳機裡傳來幾個不同老外，有美國、英國人、加拿大人、澳洲人，各以不同的口音，討論同一個議題，他們輪流劈哩啪啦講完後，換你啦。請你錄音說下你自己的看法，而且要言

早早開始，慢慢來

之有物。

　　新托福考試，不只考英語，還考你的想法。傳統死背生字和文法，已經不管用。

　　既然說「考試引導教學」，爲了拿高分，那麼，學校的考試方式是否應該有所改變？我們學英語的方式也要改變？

　　不過，「新托福」這種考試方式，要英語程度非常好的老師，才有辦法出題，不能拿坊間試題來抄抄改改。

　　新托福爲了改掉過去考生「高分低能」的弊病，通常「讀」和「寫」都能讓你有時間「想」，但「聽」與「說」的能力是要立即反應。

　　新托福不考傳統的文法測驗，而它的作文並不是印上一堆字叫你看，而是叫你聽一段，然後在限時間內，馬上寫出該段談話的內容——考一次，等於同時考了「讀」與「寫」，甚至「說」也一併考。目的就是要改掉過去許多人硬補過托福，結果到了美國卻像聾子和啞巴的問題。

英語，只是學過，還是學了進去？

最近，有位讀者向我聲稱，已念完了哪幾本英語有聲書。我一方面為對方高興，鼓勵他，卻又忍不住問了他幾個單字，結果他幾乎沒一個答出來。

有些單字，他甚至連聽都沒聽過。我心想，不過才考單字而已，還沒有考你內容呢！

我說：你這樣不算有念完。

閱讀英語網頁，等於在練習快速閱讀

若本身具備相當的程度，可以直接閱讀一般文章，那麼所有不懂的單字、人名和地名，都要一一去查，尤其是查 google 英語網頁，等於在練習快速閱讀。

還有，倘若這是個改編版的故事有聲書，比方說：《金銀島》、《湯姆歷險記》、《基度山恩仇記》、《綠野仙蹤》、《戰爭與和平》等世界名著，網路上都可以找到原著英語版，你都應該練習快快把原著看完，看第三遍才查字典。搜尋英語原著只要在 google 打出：〔原著英語名稱〕＋〔text〕即可找到。

看英語原著，若是著名的經典文學作品，你也要閱讀網路上關於作品的評論，更要了解這個作者是

早早開始，慢慢來

何許人也，他長什麼樣子？哪一年出生？哪一年去世？他在什麼動機下寫了這本名著？因為經典永遠不過時，舉例來說，我看電影《阿凡達》（Avantar），一批人剛抵星球時，前來迎接他們的老將說：

"You're not in Kansas anymore."

這句話延伸自《綠野仙蹤》（The Wizard of Oz）的經典名言：

"You're not in Kansas anymore, Dorothy".

或是電影《變形金鋼》（Transformers）裡頭出現一堆個頭小小的金剛時，男主角大聲喊他們："Munchkin"，這也是出自《綠野仙蹤》，意指一群個頭長不大的人。

人名、地名、專有名詞，不懂的都要查

那位讀者正打算考托福，準備出國念書。這樣一來，英語文化更不能隨便忽略。我考問那位讀者的幾個單字如下：

1. Caravaggio（卡拉瓦喬）

要怎麼查閱？卡拉瓦喬是義大利文藝復興時期的畫家，你要上網去看他的英語介紹，也要看他的畫風及大部分的著名作品。事實上，卡拉瓦喬（1571-1610）雖然已經死了那麼多年，在電影《達文西密碼》（Da Vinci Code）一開場不久，羅浮宮裡的命案即與卡拉瓦喬的畫作《聖母之死》（The Death of the Virgin）牽扯不清。

語文的學習，一定要隨時保持好奇的心態，去探討，去細究，去查證。從「交叉參照」（cross reference）中深入知識領域範圍，掌握更多的精髓，在過程中獲得學習的樂趣。語文的學習，不應該只是一個問題，一個答案而已。

2. wild west show（西部槍戰表演）

你可以上 google 看圖片，看英語介紹這個表演的歷史沿革，延伸瀏覽美國大西部開拓史，還要上網看 YouToube 裡環球影城和迪士尼樂園的 wild west show 表演。

3. tempera（蛋彩畫）

你要上網去看一下，什麼叫做蛋彩畫？我們平常比較知道的是水彩畫（watercolor painting）和油畫（oil painting），對蛋彩畫也許比較不熟悉。你不一定要會畫，但總要知道這種畫到底是什麼樣的畫，有了基本常識，英語才不是學假的。一如我不會作菜，但我依然可以研究美食文化，這樣的深入學習，讓我到國外玩，每一分錢都花得很值得。

4. Howard Hughs（霍華・休斯）

除了看英語網頁介紹外，在 YouTube 可找到整齣

傳記紀錄片，既然你宣稱已念完這個故事，那更要對這位美國富豪傳奇的一生感興趣才對。

若有時間的話，可去借一張ＤＶＤ，李奧納多狄卡皮歐在電影《神鬼玩家》（Aviator）扮演霍華·休斯，從引人入勝的劇情中，你也會學到另一個字 OCD: obsessive compulsive disorder（強迫症）。

我舉這些例子給讀者看，有不懂的地方就去查，學到英語，學到知識，學習充滿了樂趣，而且直接間接學到更多的英語。

什麼都學了，除了英語

學語文，尤其是英語，明明花同樣的時間，為什麼有人學得比較好？有人學得比較差？這些都跟讀書方法有關，跟讀什麼有關。

有讀者在我的留言版問道：

這些年來，我花不少時間在學ＫＫ音標、自然發音、文法分析、背句型、上一對一會話課…… 那為什麼我的英語程度還是不佳？

我的回答：" It seems to me that you've learned so much except English."（你什麼都學了，除了英語。）

學英語，就是要直接聽英語，看英語，其他都是旁門輔助，但學習重點仍要放在英語本身，而不是繞著它轉。

讀書方法重效率

學語文，無法量化。除了背單字外，但背單字也無法計算出確切的數字。同樣的單字，有人背了不會忘，而且背了就知道如何使用；有人死記，很快就忘，或背了完全不會用。

問題就出在「讀書方法」。而每個人都有每個人不同的讀書方法，不一定是哪個人的方法最好，而是根據自身的情況不斷調整，吸收別人的優點，改善自己的缺點。

對學語文來說，「讀書方法」也就是「學習方法」。讀書方法用錯了，學習效果就會比較差。

我在想，我個人國中、高中時期很努力，但就是一直學不好英語，問題就是出在「讀書方法」不對。如果你學多年，卻一直學不好英語，一定跟讀書方法有關，而錯誤的讀書方法也會影響到下一代。

政大公企中心主任陳超明教授告訴我，當年他的托福聽力只拿一半，其他都滿分。而我呢，只有聽力拿滿分，其他都沒拿滿分。若我們倆合起來，取其高分，那就是全部滿分啦！

我思索其中緣由，以他當年台大外文系出身的

早早開始，慢慢來

優異程度，英語勢必考得比我高分，但我卻贏了聽力。原因可能是，我花在聽的時間比他多，其次是教材的選擇：有人聽一百張ＣＤ，慢速英語，同一組人錄音。我聽五十張ＣＤ，但聽的是正常英語，而且是不同組人錄音。雖然我只花一半的時間學習，聽力還是比他進步。

　　學習注重效率：多做，沒用；少做，更沒用。

英語學習方法最重要，用對了，才可能學好。（Mitta 提供）

沒有聽以前，不要說，
不然會淪爲亂說

早早開始，慢慢來

　　每個學了英語的人，有機會的話，應該到美國自助旅行一趟，檢驗自己到底有沒有學好英語。Andy 大學剛畢業申請打工假期，跑到美國黃石公園住了三個月。從借宿地捎來短函：

　　來到美國，都一一驗證了成寒老師所說過的話。我所住的 Inn這裡，有兩個很小的小朋友常會來找我們這一群從台灣去的打工族一起玩。

　　有一天，小朋友拿了一本童書，要求其中一位台灣女生念給他們聽，這位女生很高興地接過書，立刻就念了一段起來。過了一會兒，這兩個小小朋友問她說：

　　「你念的是英語嗎？我怎麼都聽不懂！」

　　這時候，所有人都笑到不行，而她自己則很勉爲其難地苦笑……

　　事後我在想，如果她在台灣有練習跟述的話，一定不會鬧出這個笑話！

英語，不是一個字一個字念

關於這點，不久前，東吳大學陳牧師也告訴我他的親身經驗。

他到國外佈道，發現底下的人幾乎聽不懂他在講什麼，實際上他非常能言善道。以他學了那麼多年的英語，出發前又把佈道的原文一遍又一遍的練習。每一個字都念得清清楚楚，老外卻聽不懂。

原因是：傳統教法一個字一個字的念，根本就是錯誤的。

因為英語應該是一句句的，往往兩個字連在一起，發音就變了。甚至幾個句子連在一起，整個調調也變了。

一位女讀者對連音的心得：

明明女主角說的是 look rich，但我聽了十五遍還是聽到 look quich，直到看內文，才知道這是連音，還有好多要克服的難關啊！

所以，我一直強調，你一定要常聽，而且要一口氣聽到底，不要分解式的聽。聽多了，聽得清楚的就要開口「跟述」，這樣才能說得很道地。

像我們外國人說英語，難免會有口音，可是這些都不要緊，而是要怎麼樣說對了英語，才是最重要的。

有人提倡：大膽說英語，厚臉皮說英語。

話是沒錯，可是，我們講英語也不能亂講，不能無恥說英語啊！

22

有些台灣人寫的英文，
只有台灣人看得懂

有些台灣人寫的英文，只有台灣人看得懂。換句話說，有些台灣人講的英語，也只有台灣人聽得懂。原因出在中文思維纏繞，無法保持純粹的英語思維。

道地的英語並不是用中文去想的

一位女醫師跟我說，在飛機上，空服員提醒她用餐，可是她很想睡覺。迷迷朦朦中，她回答：

"I don't eat."

若用中文思維去看這句話，感覺好像沒有什麼錯。你查 google 字典，它打出來的解釋就是：我不吃。從這裡看，就明白為什麼如今電腦翻譯仍然無法取代真人翻譯。"I don't eat." 意思是：我是不吃東西的人。也就是說，過去，我不吃東西；現在，我不吃東西；未來，我也不吃東西。那這個 "I" 肯定是個「神仙」！因為只有神仙不必吃東西吧。

正確答案應該是："I don't want to eat."（我不想吃東西。）

早早開始，慢慢來

或是更道地的英語：" I'll pass."

英語思維的訓練

說英語，為什麼你會把男生（he）和女生（she）搞不清？說穿了，這都是中文思維在做怪。

中英語法，本來就不同。

例如：名利雙收，英語則顛倒過來說：rich and famous.

有位讀者在一級政府單位任職，他說該單位長期聘請一位老外為同仁修改英文函稿書信。可是有時候，他拿到了台灣人寫的英文書信，無論怎麼研判，有些段落還是看不懂，不知到底在寫什麼，簡直無從改起。

幸好，他娶了台灣老婆。

把書信拿回家給老婆看。老婆的英文雖然沒有他好，但起碼很懂中文。所以她把英文書信的段落，先一個個字用中文句法來看，於是就看懂了——直接一字一字翻譯成中文，還真順暢呢！

台灣老婆再用正確英語轉譯給美籍老公聽。

「啊，原來如此！」這位老外終於知道要如何修改這份書信了。

此逃非彼逃

另一例子又發生在同一位女醫師身上。

家裡僱了一名菲傭來照顧長輩，他們把她當自家人看待，有好吃好玩的，菲傭也少不了，彼此相處不錯。等合約期滿，菲傭非常捨不得離開台灣，離去之前，忍不住向女醫師透露她想悄悄留在台灣的意圖。

驚訝之餘，女醫師冒出一句話：

"You are going to escape?"

話剛出口，她就知道說錯了。"escape" 這個字有點像犯人從監獄脫逃，或一個被綁架的人從哪裡逃出來，或從某個戰亂中的國家及時逃了出來，有死後

早早開始，慢慢來

重生的感覺。

　　如果菲傭只是離開僱主的家，不想回國去而跑到台灣別的地方，應該用 "run away"，例如少年從家裡逃家 "Run away from home."

跟述也是在訓練英語思維

　　「跟述」也是在訓練「文法」，還有「聽」與「說」。

　　「跟述」不是死記硬背，而是依循人性本能，讓文法逐漸熟悉，深入到你的骨子裡，再也不會忘。「跟述」讓你說話不再遲鈍（爲了想文法），寫作也不會再用中文想。而考試，你可以不假思索，看到題目就可以直覺作答，這樣才能輕易拿高分。

　　小孩的聽力好，而聽得清楚，就能跟述。大部分的小孩天生就是愛學嘴，當他聽多了英語，就愛跟著說，也就是說：小小孩天生就愛「跟述」。

　　「跟述」跟熟了，英語自然朗朗上口。每次講英語，若是還要再思考的話，來不及了，遇到老外，你哪有時間在心裡中翻英？

直接輸入，直接輸出

　　訓練自己避免中文思維，常聽，比常看更有效。因爲常聽，對語法會自動產生直覺和語感，說和寫，想都不必想。

　　聽英語或看英文時，要養成直接輸入，直接輸出的習慣。

23 不要**中英對照式**學英語

　　有些人在閱讀英文時，一邊看著英文，一邊在心裡翻譯，這都是造成中文思維纏繞不去的原因。或是有些兒童英語有聲書，一句中文一句英文的念，聽多了，孩子往往只聽到中文部份而已。

　　常聽英語有聲書，常聽（不是盯著看中文字幕）電影電視影集，都是訓練英語思維的最佳方法。

　　然而如何教小孩聽？在聽的時候，不要直接翻譯全文給他聽，而是，讓孩子自己把其中的關鍵字聽出來，來問大人。每次小孩問一點，大人就給他一點答案，逐漸地，小孩就像拼圖一樣，把整個故事給拼出來了。

　　倘若大人一口氣先把故事講光了，那孩子白白就失去了訓練理解力的機會，變成死讀書，腦子不會自己串聯。

早早開始，慢慢來

中文用「看」的，英語用「聽」的

我在一場關於西班牙籍建築大師卡拉特拉瓦（Santiago Calatrava, 1951）的講座中提到都柏林的「駁船」（barge n.），現場有讀者聽成了像泊車一樣的「泊船」（moor v.）。

這點，足以佐證我的語文學習理論：中文用看的，英語用聽的。

國文，小四以前過門檻

在台灣的中文環境裡，一般用功的孩子，最晚在小四以前，國文就過門檻。

若未在小四以前過門檻，那一定是什麼地方出了問題。有的是不用功，有的是方法不對。

閱讀應該由淺入深，而不是在同一程度打轉。我看到有些小孩一直在看繪本，小四或小五還在看，感覺好像是小一念了許多年。小四以上，應該要看純文字書，不要仰賴圖片解讀。

或是小一念小六，也念不下去。

我進小學前完全不識字，入學後，小二就看得懂

報紙。我於是拿起家裡長輩書架上的《水滸傳》，竟然很困難，看不下去。從那時起至今，我沒有再讀過《水滸傳》。

精讀、泛讀、隨便讀

挑選英文書，有個標準：每頁平均生字 5~10個字。所以，孩子的漸進式閱讀：繪本→童書→少年書→成人書。這裡是指「閱讀」，不是「聽」。

秀雲的兩個小孩在小三、小四時就看了《哈利波特》英文版，看得津津有味。但隔年再看，居然心得是：「媽媽，我們今年比去年看得更懂了。」可見閱讀理解力是漸進式，不必苛求孩子第一遍就讀通。

閱讀不是盲人點字，不要在心裡默念，也不要朗讀。第一遍要快快看完，以求得到書裡的知識。閱讀時，應著重於文章瞭解，而非字義的解釋。朗讀則是第二遍以後的事。

有些文章可以逐字逐句探究字義，但事實上，語文並不需要一直這樣念。有的精讀，有的泛讀，有的隨便讀，既有樂趣，也有長進。

早早開始，慢慢來

借書和買書的差別

　　書用買的，跟用借的有什麼不同？

　　買的書，可以想到就翻，一翻再翻的精讀。

　　借的書，通常看過一遍就算了，因為再借太麻煩。

　　不同的年齡看同一本書，有不同的領悟。經典名著，小孩看表面故事情節，大人看背後人生哲理。

　　從讀者提出的問題當中，我也發現一點，那就是平常大家很少念「優美」的英文。

　　所謂文章的優美，並非咬文嚼字，掉書袋。一個有寫作才華的人，可以把一般尋常文字隨手揮就，寫成一篇情真意摯感人的文章。有文采的漂亮文篇，句句敲動人心，令人回味再三，跟一些乾巴巴的英文差很多。英文也有其品味。

　　許多人的英語不好，我猜跟平常念的東西有關。You are what you eat.（吃什麼就像什麼。）

　　倘若從沒念過好的英文，英文又怎麼會好呢？

有趣的測驗方式

英語要有趣，才學得下去

為了吸引小孩聽英語有聲書，偶爾可以出一些與英語沒有直接關係的測驗，培養他的專注力。

比方說，有聲書裡若有出現口哨聲，家長可叫小孩仔細聽，聽到口哨聲時請舉手；或段落裡有狗叫聲、鳥鳴，或如《英文，非學好不可》裡的〈美女與野獸〉出現的馬嘶鳴。剛開始，小孩只是聽著玩，彷彿聽著音樂在尋寶，不會感受到大人給的壓力。

利用 YouTube 影片做聽力測驗

我在「成寒部落格」設計了各種主題的聽力測驗題目，已經出了十幾道題，如〈小龍蝦〉、〈榴槤〉、〈迪士尼音樂廳〉、〈器官捐贈〉、〈萊特的羅蜜歐與茱麗葉風車〉等等，以後還會再出一些。這些題目很像托福考題，程度夠好的人才答得出來。每一個題目，我搭配 YouTube 的精采影片連結，光看畫面都覺得很有意思，用來考小孩也可增加他的認知能力。初期，不必考他說英語，也不必寫出來。只要讓他聽得出「關鍵字」，就要鼓鼓掌，拍拍手。

早早開始，慢慢來

　　如第十題：〈排排坐，釣鮪魚〉。

　　可以先告訴小孩 species（種類）這個字，然後讓他努力聽出其中的數字 "four" 就好了。萬一大人的程度不夠，沒關係，每一個題目都已有答案在上頭，家長可對照著看。不過請注意，先看文字再聽，耳朵就不上工了哦！

　　我連結的這些影片都很有趣，而這種測驗方式，比較簡單，比較有意思，沒壓力，讓孩子在愉快中慢慢進步。

　　教小孩陪小孩，重要的是去做，去執行，而不是一直在講理論。每個人都有不同的特色，父母教小孩，也會越教越有靈感出現。嘉義的賴爸陪孩子學英語，過程中充滿了創意：

　　我現在的作法是，第一次與小孩看投影片，接下來讓小孩放投影片考我，再來就是換我放投影片考他們。

　　大家一起比賽，也可以導入百萬小學堂的作法，不會的時候可以向人求救，增加趣味性，反覆多次比賽，一個投影片就會熟悉了。至少可以聽到單字的聲音，就知道那是什麼意思。

考你這句英語怎麼說：「她咬我！」（答案在文章最後）

如果你還在那裡推敲：bite, bit, bitten. 那你的英語就是沒辦法產生反射作用。反射作用是一種直覺反應。

學英語，要順應人性本能。人，先「聽」再「說」，然後才開始「讀」和「寫」。

跟述的做法

「跟述」（shadowing）是隨時都可以做的。只要聽清楚一個字，一個片語，或一句話，就要大聲跟述。

父母要常訓練小孩跟述，因為孩子聽得清楚，跟述很容易。

有回我在台大演講《英文，非學好不可》，請在場的聽眾大聲跟述。結果我發現，大人跟述有時會遲疑或太小聲，而現場跟述最大聲的是讀者 Bunny 的四歲兒子，他雖然不識字，但聽英語就是直接輸入，直接輸出，所以跟述跟得非常字正腔圓。有些大人反而有心理障礙，把字含在嘴巴裡模糊不清。

聽有聲書或看電影，只要聽得清楚一個字、一

早早開始，慢慢來

個片語或一個句子，人家一講完，你隨時都可以跟著大聲講。首先要注意，太長的句子，不必急著跟。

　　小小孩跟述，有時會因發音器官沒有長好，掉門牙以致講話漏風，而跟得不太清楚。家長別著急。你看 YouTube 的影片，老美小孩朗讀故事書，四歲咬字不清或含著口水說話，都很正常。不要刻意去矯正小孩的發音。隨著聽越多英語有聲書，小孩會自己不斷調整自己的發音。

久不講，就講不「輪轉」？

　　不管是正在學習英語，或本身英語已經很好的，隨時隨地聽到有意思的英語，都可以馬上跟述一下。

　　一本有聲書，如果每五六句或七八句，能跟述一句，就算及格了。

　　跟述時，要大聲，一句一句講習慣，不要含在嘴巴裡。整句都聽得很清楚的，一聽完馬上就跟，不要零零碎碎的隨便亂跟，也不要把自己逼太緊，也就是說，不必每句都跟啦！投顧公司潘小姐的七歲兒子特別愛跟述，幾乎句句跟，結果跟了五分鐘後開始叫苦：好累哦！

　　不要對自己太嚴格，跟述，只要經常練習就好。跟述會越來越進步，但初期是不可能完美的。

　　你看小孩子剛學會講話，起初也是亂講一通，漸漸才越說越流利。

　　以下是一位讀者的感言：

　　一聽到英語，就直接跟述，可以自然修正腔調發音，有時真覺得以前跟老

26

26 跟述，跟到反射作用

師一起開口唸單字，學音標真是不自然方法，相信勤快練習跟述的朋友可深刻體會。

我有幾個貴婦朋友，孩子大了，不需媽媽天天照顧。她們每年花上百萬，到美國或英國上課兩三個月。

其中有一位貴婦說：「這樣我才不會忘記英語。」

我一方面佩服她的進修精神，另一方面也慨嘆：這樣的代價也未免太高了。像我們這樣的平常人家，該怎麼辦？

也有讀者去澳洲遊學，回來不到一年，英語幾乎忘了怎麼講。她怪罪於沒有環境。我回答她：如果妳有這種想法，除非妳移民，不然永遠也別想學好英語。

跟述做得好：聽力 + 理解力

許多讀者說，目前他們只能「跟述」短句，至於長句，跟述常做得七零八落。

這是很正常的。每個人剛開始學講話，本來就是從一個字、兩個字、短句，進而到長句。如果一個幼兒，初學講話就講出一長串句子。那不是一般小孩，那叫「天才」。

早早開始，慢慢來

依循這個原理，可想而知，「跟述」練習是漸進式的。

首先，「聽力」要好，你才能跟述。假設連話都聽不清楚，如何學著照講？

然後是「理解力」。你不僅要聽得清楚，還要聽得懂那句話在講什麼。如果聽不懂，那就是機械式的「跟述」。但機械式記不了那麼長的句子，當然無法順利跟述長句。再者，如果這句話不懂，你照講照背，又有何用？不過，小小孩例外，他們不見得聽懂，但因為聽得清楚，加上愛學嘴，所以可以跟得朗朗上口。

記得以前辦過一場沙龍活動，老外說了一段繞口令給大家聽。說完，卻只有我一個人能立刻照講出來。因為我完全聽得懂，加上原有的英語基礎，一段陌生的繞口令，我馬上能照講。當然，講完不久我也忘個一乾二淨，因為沒有把它放到長期記憶區裡。

二〇一〇年寒假我帶一群家長和小孩到夏威夷自助行，其中兩個男生胡同學和張同學，一路緊跟著我不放，為了娛樂兼教育他們，在公車上，我瞎編了一段短短的急口令：

"This price is too pricey. So I must go pricing."

（這個東西的價格太貴，所以我要到處比價。）

我一講完，兩個小男生馬上朗朗上口。因為他們有聽懂，聽懂了便能跟述。

26

跟述，跟到反射作用

跟述，讓嘴巴不會生鏽

英語要練到反射作用，才出得了口，下得了筆。

在台灣這種沒有全面英語的環境下，只好自己創造。沒有人可以跟我們練習講英語，我們只好自力救濟，在家練「跟述」，練到舌頭不讓它生鏽。

在台灣這種環境下，想要說一口流利的英語，那就是自己練「跟述」。

雖然「跟述」無法達到 100% 的效果，畢竟不是跟真人講話。但起碼可以做到 85% ~ 90%，一旦碰到實際說英語的場合，你就可以脫口而出，頂多會有點緊張罷了。

跟述多了以後，你可以嘗試擬出一個主題，自己在家裡發表一段談話，若能一口氣講上兩分鐘，那你的英語一定越來越好。

有個男生問我：「請問『跟述』要練習到什麼時候？」

「若你平常沒機會講英語的話，那就經常練，練到你掛掉那一天為止。」

答案：她咬我。She bit me.

早早開始，慢慢來

看《中國時報》，介紹一位名人學英語的過程。

當初他考了八次托福，終於以超低分飛過，到美國念研究所，最後拿到博士。

他考的分數比我當年低了一百分（照理說申請不到一般美國研究所，當年的托福門檻至少應該 550 分，名校要 600分以上）。

這裡要討論的重點不在他的分數，而在他苦念英語的地點。

他說：當年他在台大總圖念書，期中考及期末考期間，因學生爆增，圖書館員把非台大學生的他趕出去。我終於恍然大悟，他為什麼考那麼多次托福的原因。

我心想：怪不得他的英語一直學不好，原來，問題出在：地點（當然可能還有其他的原因）。

學英語，一定要「眼」、「耳」、「口」，同時啟用。這樣才能學得快，也學得好。

在圖書館念英語，要做到「眼」、「耳」、「口」，同時啟用，的確有點困難。有讀者住在學校宿舍裡，擔心跟述會干擾到其他室友，我建議她到大馬路旁跟述，車水馬龍，再大聲也不影響他人。

27

大前研一談日本人學英語

日本管理學大師大前研一對日本人，愛之深，責之切：「問題是，日本人連如此簡單的方法，都不懂得運用，不知道他們太認眞，還是無法融會貫通。當他們練習英語時，常常先想自己的發音是否正確、 這個字是什麼意思……等問題來干擾自己。」

他說：「必須克制自己用腦袋去想的欲望。」

這也是我演講時常提到的，說話時，最好是連想都不必想，就能脫口而出。

大前研一的說法，我唯一不贊同的一點是，他叫大家整天聽ＣＮＮ，幾年下來就可以聽得懂。我的建議是，倘若您的程度不好，最好還是由淺入深，循序漸進做起。因為，成天只是聽，不背生字，也不做跟述，什麼事都不做的話，光是「聽」，到底要聽「多少年」才能聽懂？

讀者們仔細想想自己，過去多年來，您看了多少ＨＢＯ？

但是您的英語有進步嗎？

早早開始，慢慢來

不要跟別人比，要跟自己比

我的書上曾經提過，以前我一天可以背上五十個單字。有位讀者剛開始發奮學英語，躍躍欲試，便問我：「我每天去哪裡找五十個生字來背？」

我曾經在我的留言版提到，只要一天背三十六個英文單字，一年半就可以背兩萬個字，剛好過門檻。

一讀者興致高昂地問我：「成寒老師，您說只要一天背三十六個單字，一年半我就可以學過門檻？」

我回答：「沒錯。不過，我建議您，先以每天八個字為單位，背完八個字，再推到十六個單字。背完十六個單字，再擴及二十四個單字……不要一次塞太多，噎著了。」

先以短期為目標，再追求長期目標。腳踏實地，不貪進。

小孩不肯乖乖背單字，先以每天一個單字為目標。一個禮拜後，再增加為兩個單字，以此逐漸遞增。

孩子的行為模式，孩子的個性習慣，父母最清楚，可以見縫插針，找到機會就讓小孩接觸英語。

小孩自以為英語很棒，
他就會對英語比較感興趣

　　孩子的英語程度好不好，很容易測試。拿一張沒看過的電影ＤＶＤ，不看字幕，看小孩能懂多少，可隨時暫停問：剛剛他在講什麼？請孩子用英語說出來。或拿一張英語報紙，請孩子看其中一則新聞，然後考他單字，小孩子就算沒學過那個字，但程度好的，往往可以用上下文推出意思來。

自我感覺良好

　　石碇地區的張老師建議班上同學去聽我的演講，

　　其中一位自以為自己英語很好的同學，大聲問道：「成寒老師是外國人嗎？」

　　結果，張老師放了一段我的英語有聲書給他聽，他竟然直搖頭：「這是誰錄的，怎麼口音那麼重？聽不懂啦！」

　　不過，小孩對自我的感覺良好，有信心，這一點真的很好。雖然眼下，離門檻還差得遠，但他以為自己的英語很棒，他就會對英語比較感興趣，而有了興

早早開始，慢慢來

趣，孩子就愛經常接觸。只要方法是對的，經常接觸，孩子的英語終有一天會過了門檻。

最怕的是他以為自己的程度已經很好，其實還沒過門檻。一旦停下不學，很快就會退光光。

還有，小孩不了解一種情況：他上課的外籍老師，往往是配合他的程度在講話。每次換一個新老外，小孩又有很長的適應期，這意謂著他平常聽太少英語有聲書，只聽幾個老外的英語，當然是不夠的。

講，容易；聽，比較難

講，容易；聽，比較難。講，我們可以選擇自己能用的字眼，但聽，我們無法控制對方會說什麼話。一個老外跟你講話，你能聽得懂（或像台灣的情況，外師都會配合你，越講越慢），但一群老外在講話，你完全都聽不懂，而且一句話也插不進去。

一位讀者發表的感言：

昨天，去參加網友舉辦的英語俱樂部，也就是自發性的英語會話交流。

七八個人裡面，有幾個從國外回來的，其他人的程度皆中上。兩個多小時下來，深深感覺到聽不懂的痛苦，全神貫注，耗盡腦力在猜猜猜，往往就是那麼幾個關鍵字或是速度的關係，卡住了就不解對方語意，只得透過整句聽完或肢體語言的表達才得釐清。

29

29 很多小孩根本**不知道**自己的英語**不夠好**

果真呀，聽不懂又要如何對話呢？

深深的體悟！

口說的第一步，就是要真的很能聽。聽得懂，聽得清楚，才說得出口啊！

早早開始，慢慢來

英語學好，就有機會用

學英語，從年輕時開始學，若一直到老，還在學英語，雖說精神可嘉，但從另一角度想，這也未免有點「悲涼」。

因為從來沒有學好，所以一直在學。

請問你多久沒有上國文課了？因為你的國文有學過門檻，聽說讀寫，自由使用，所以你的國文不會退步，你可以從此不再學。英語也是一樣的道理。

報紙看不懂，影集聽不懂，因為無法用，所以就不用。不要怪環境，等你學好了英語，你一定有機會用到。

走在路上，碰到年輕的摩門教傳教士，這是練英語的好機會啊！他們會說國語，但我總是能夠扳過來，讓他們跟我講英語，因為我的英語比他們的國語強。一如語言交換（language exchange），總是程度好的佔便宜。讀者 Chole 到美國紐約上半年的語言學校，找了一位年輕老美當語言交換，結果那位仁兄拼命練華語，她自己的英語反而被擱到一邊去。

長期閱讀，常識豐富的人，理解力更強

　　所謂「理解力」（comprehension），即在多聽多看幾遍之後，漸漸懂，或突然靈光一閃，懂了。理解力夠強，第一遍就懂了。

　　為什麼要訓練理解力？讓你從上下文推測出整個段落含義，就算其中有不認識的生字或片語也不影響。

每個字都認識，合起來卻不認識

　　從讀者提的問題，我發現，許多人每個單字都認識，但合起來整句卻不知道意思。最大的問題在於「理解力」。

　　「理解力」是上下文脈絡串連在一起，這句話才意義存在。但讀者往往一直鑽眼前這一句，而不看或忽略了「前幾句」和「後幾句」。問題是，這個句子並不是獨個兒存在，它跟上下文有關。若沒有上下文，這個句子就不知所云。

　　所以在研判句子時，一定要把上下文看仔細。

早早開始，慢慢來

用聽的，比用看的容易訓練理解力

在我學英語的過程中，從來沒有對照過中譯本。理解力要靠長期訓練，而不是依賴中文翻譯。若直接看中文翻譯，你還是沒有真正懂。

用聽的，比用看的訓練理解力更快，因你的腦子要跟得上ＣＤ的速度。每張ＣＤ先聽個10遍以上，先從大局著手，再從小處著眼；聽出大意，再聽細節。先「整篇」聽，然後再推敲單字和句子。

提醒：長期閱讀廣泛，常識豐富，此人的理解力一定比較好。

理解力的訓練

但你學英語，就算之前沒有廣泛閱讀，現在訓練也來得及。

1. 看文章，不要只看那個生字，或那個句子。

   把前後文，來回多看幾遍，這樣才能準確判斷其義。

2. 英語不會無中生有。

   看字面及前後文，應該就有線索，而不要自己想太多，想出完全沒有的內容來。

3. 要符合常情。

   你要用自己的生活經驗去判斷，什麼樣的事會發生，都有一定的道理。

如果這句子的解釋超出常情之外，可能就是你想錯了。例如：太陽從西邊出來……除非它是科幻小說。

4. 有時間的話，隨意閱讀「知識性」中文書報雜誌，多到國外自助式旅行。

理解力是腦力激盪

一般英語測驗，礙於時間有限，只能一小題一小題的考，但我們學英語，一定不能這樣學。念測驗題學英語，往往只學到支離破碎的英語。

國人學英語常敗在這裡，只「看」或「聽」一題一題的英語測驗題，生吞活剝，這樣如何訓練「理解力」呢？

看中文書，一般人習慣看「輕、薄、短、小」，因為這是最輕鬆容易，最不太需要動腦筋的。但也因此對培養「理解力」沒有太大幫助，所以，訓練自己的方法是，偶爾拿起較厚的中文書來看。

比方說：有連續性情節的整本小說，從頭看到尾，不僅是看情節而已，同時也在培養耐心，以及訓練思考邏輯。

培養英語「理解力」，與中文情況差不多，但因為我們沒有天然語言環境，所以更要加強「聽」。

尤其英語是一種語音系統，「聽聲」往往就能

早早開始，慢慢來

「辨字」，不像中文那麼多的同音字。而且，「聽」是個連續動作，除非你刻意按掉，不然它就會一直放聲音出來，逼得你不得不直接輸入，照單全收。

在「聽」的過程中，你不斷拼湊線索，也許前面有幾句沒聽懂，但後面又突然豁然開朗。那就是「理解力」在作用。

苗栗聯合大學一位教授告訴我，有一天他終於明白我說的「理解力」是什麼意思。兒子剛聽完有聲書，問爸爸：「我剛剛聽到一個字，不認識的字：coal。我聽的時候覺得那好像是煤炭，爸爸，你可不可以幫我查查看？」

真好玩，兒子躺著「聽聲」，爸爸負責翻字典「辨字」。

「理解力」是腦子一遍又一遍的無形刺激與撞擊，如同企業教育訓練的「腦力激盪」（brainstorming），然後撞出火花來。

31

光聽不練，還沒聽懂，就先聽膩

我常說：交叉學習，觸類旁通。

有些讀者剛拿到一套新的英語有聲書，他們只是交叉聽，但並沒有實際做功課：背生字、跟述。只是一再的聽，一遍又一遍。 這不叫「交叉學習」，這叫做「漫天亂聽」，沒有效率的學習。

聽太久，變噪音

有位竹科爸爸說：「每天都讓正在念小一的女兒帶 ipod 去學校，隨時隨地可以聽，但怎麼覺得她好像沒聽出什麼效果來。」

聽，不能連續不斷的聽。因為連續聽，一定會聽到疲乏，簡直是「疲勞轟炸」。最後把英語當成噪音，耳朵自動關起來。

大人的英語聽力要好，並不是一直聽同一張有聲書聽一萬遍，就會聽得清楚，而是要循序漸進，藉著不同程度的有聲書，接受各種不同人的聲音刺激，聽力才會慢慢變好。但小孩沒有這些問題，小孩的耳朵靈敏度高，可以直接輸入，直接輸出，只是理解力較

早早開始，慢慢來

差，還有字彙量也少。

　　若生字沒有挑下來背，跟述也少做，結果是念半吊子，沒多久就念不下去。而且，因為有聲書聽太多遍，調調都已經很熟，也就是說一直當背景音樂聽，結果，還沒聽懂，就先聽膩，很難再念下去。

交叉學習，觸類旁通

　　一張ＣＤ聽完，一定要休息，去做別的事：去背生字，去做克漏字，或去看中文報紙，或做運動，讓耳朵休息一下，等一下再聽，才會更專注。若連續一直聽，常常聽到恍神，甚至昏昏欲睡，白白浪費時間。

　　什麼叫做「交叉學習」？

　　即五六張差不多程度的ＣＤ輪流著聽，但要鎖定其中兩張做主力學習。

　　也就是說，第一張已聽了十遍以上，已經做完克漏字，正在做跟述。

　　第二張已聽了十遍以上，正在做克漏字第五遍。

　　第三張已聽了十遍以上，正在做克漏字第一遍。

　　第四張已聽了八遍。

32

第五張已聽了六遍。

第六張剛開始聽。

每次聽完一張ＣＤ，不能繼續聽，而要去「背生字」或做「克漏字」或「跟述」。

這樣的交叉學習，才會有新鮮感，對語言的刺激才會加速。

早早開始，慢慢來

第 **4** 章　孩子是
可以訓練的

紀律是大人對小孩的要求；
自律則是自己對自己的要求。

　　成功的人，背後有兩個字。小時候：紀律；長
大：自律。

　　成功的人，往往得到別人的羨慕，但背後的辛
苦，無人知。一個人成功與否，沒有一定的標準，許
多人覺得自己生活過得去，平淡就是幸福。最怕的是
另一種人，既不甘心平凡，可是又不肯努力讓自己不
平凡，以致產生心理不平衡，對這個社會，對所有成
功的人有反感，而在暗地裡放箭傷人。

　　然而，小孩是不懂事的，他不會明白，現在的努
力是為將來的成功鋪底。沒有現在的努力，可能就沒

有未來的成功也說不
定。做父母的雖然不
要逼小孩，但也不能
自由放任不管。

　　紀律，是大人對
小孩的要求；紀律慣
了的小孩，長大以後

早早開始，慢慢來

也會自律，對自己有所要求。

《達文西密碼》作者的專注，清晨四點鐘開始寫作

想要成功，就要專注（focus），學英語，亦是如此。

不管前一天多晚睡覺，丹‧布朗（Dan Brown）總是每天早早起床，清晨四點鐘已開始寫作。他的工作室裡，沒有電話，也沒有 e-mail。但他並不是一個宅男，坐在屋中，他知天下事，在晚宴中他依然侃侃而談。

丹‧布朗當初並沒有當作家的念頭，一九九四年他到大溪地旅行，海灘散步時無意間撿到了一本美國名作家Sydney Sheldon 的小說。他看了第一頁，再翻到下一頁，然後再翻到下一頁，下一頁……欲罷不能，一直看到最後一頁才歇息。

看完，他心想：「嘿，這書我也會寫。」（"Hey, I can do that."）

然而，想是一回事，做，又是另一回事。許多人是光說不練，跟學英語一樣。這篇採訪的原文點出重點：The difference between most aspiring writers and the young man who came across Sydney Sheldon on a tropical beach is that he did do that.（大意是：很多人只是光會想，但他真的去做了。）他本來是創作歌手兼畫家，出了四張乏人問津的唱片，然後回他的母校菲利普‧艾塞克特學院（Phillips Exeter Academy）教英語，具備相當程度的語文和藝術素養。機會是留給已經準備好的人。

丹‧布朗的第一部著作《數位密碼》（Digital Fortress）在兩年後問世。再過幾年，《達文西密碼》成為全球出版界大驚奇，翻譯成至少四十二國語言——美國佬終於一舉打敗英國女子 J.K. 羅琳（《哈利波特》系列作者），或打成平手。

教養孩子，從小要求紀律

天生自律的小孩極少（多麼幸運的父母啊！），通常是在父母長期的「紀律」（discipline）要求下，

早早開始，慢慢來

培養孩子的耐心和專注力，從小開始，短短幾分鐘也好，然後慢慢加長時間。（Voitor 提供）

逐漸養成「自律」（self-discipline）的習慣。每個孩子都是父母的心肝寶貝，不管你多麼愛孩子，絕不能寵壞他。因此，教養孩子，從小就要求紀律。但紀律並非嚴苛的斯巴達教育，而是基本生活管理。

大陸有位年輕鋼琴家，小時候很調皮，每天練琴，曾經把鬧鐘轉快偷懶，直到十五歲飽讀詩書後，心才靜下來，每天練琴八小時也不自覺，進步神速。

另一則報紙新聞，年方二十七歲，大陸鋼琴家朗郎二〇〇九年收入三億六千萬台幣，大陸音樂界無人能及。大家先別羨慕他，小時候他彈了多少小時的琴啊！若你把朗郎的鋼琴練習時間拿來念英語，那程度還得了。

教小孩學英語，一開頭，當然不能設定孩子未來要成為文學家或偉大的演說家，但起碼要學到過門檻，聽、說、讀、寫，一個都不能少。所以，紀律有其必要。大人對小孩有一點點要求，小孩才不會打混。

一如我自己從來不遲到。我辦的私人講座也要求讀者絕對不能遲到，因為有人遲到，就會影響到他人。剛開始，有人漫不經心，經過好言相勸，大家都明白這個規矩，也就養成了準時出席的習慣。你看，人是可訓練的，孩子當然也是可以教養的。

人，一心不能兩用

　　家長問：小孩一邊玩，一邊聽英語，有效嗎？

　　我的回答：沒什麼效果，頂多是讓小孩像聽背景音樂一樣熟悉英語的調調而已，偶爾也許會冒出一兩句英語，幾個單字。

　　雖然說小孩的專心度有限，但這些都是可以慢慢訓練的：

　　剛開始，叫小孩坐著或躺著，每次一口氣聽英語三分鐘。

　　兩三天後延長為每次五分鐘。

　　一星期後延長為每次七分鐘。

　　再過一星期，每次增加為十分鐘。

　　然後是每次十五分鐘，二十分鐘，半小時以上……

　　日子久了以後，小孩一口氣聽個一小時，甚至兩個小時的英語有聲書也很容易。因為孩子天生喜歡聽故事，有時沒聽到結局，欲罷不能。有位家長跟我說：「我兒子聽英語有聲書，簡直上了癮，每天要聽三四個小時。」

　　培養孩子的耐心及專注力，必須一遍又一遍的訓

早早開始，慢慢來

練，不是一下子就可以做到的。

　　父母培養孩子的專心和耐心，也等於在訓練他對未來人生發展的耐心和專注力。這些訓練，也直接反應到孩子對其他學科的學習態度。

　　以後，孩子會更有專注力。

　　唯有專注，做任何事才會成功。唯有專注，才能省時間省力氣。

　　大人裡頭，英語始終學不好的，也跟他的專注力不夠有關。

孩子要引導才走得出舒適圈

叫小孩聽英語有聲書，還沒開始，他可能就舉反對旗。

小孩猛搖頭說：「不聽，不聽，我不要聽」。

這跟好不好聽，不一定有關。也許，他只是一時在撒嬌或撒野。

台灣證券交易所一位媽媽說，她三歲女兒一直說不想聽，她於是不勉強。但在小孩玩積木時，悄悄放有聲書當背景音樂。小孩不太理會，但偶爾小孩會大聲抗議：「我不要聽 Bingo。」

奇怪，她怎麼知道這首歌叫 Bingo？

原來，她說不想聽，但不知不覺間已聽了進去。

而且過陣子，小孩漸漸想聽，自己會跑去按下播放機。

如果小孩不喜歡聽這個，不喜歡聽那個，嫌來嫌去，問題都不是出在小孩身上，也不是出在有聲書上面，而是大人不懂得適當引導。

早早開始，慢慢來

新竹媽媽 Julia 來函：

要感謝老師之前在第二次通電話時，提醒我的那些話。

我當時跟老師說，孩子比較能接受《綠野仙蹤》這類輕快活潑的故事有聲書，而《尼斯湖水怪之謎》屬報導性質，音樂性也不高，孩子不肯聽。

您當時回答我，是過去的學習習慣問題，都可以加以引導克服……

現在，他們都很愛聽這個故事，幾乎快要全部背起來了。最近我們也開始加入更多的故事，學英語，好像連地理、歷史及一些文化，都一起學進去了。

舒適圈是小孩的安全感

每個小孩都有自己的「舒適圈」（comfort zone）的問題。

不同的小孩，有不一樣的舒適圈。

孩子希望自己能夠永遠留在自己覺得安全的舒適圈裡，不想要走出去。家長回想一下，小孩第一天上幼稚園的哭哭啼啼，就是他不想離開熟悉的地方，到外頭陌生地。在陌生的地方，孩子沒有安全感。

有的小孩也會一直依賴聽自己早已聽習慣的聲音，然後一直賴著不放，因為這是他的安全感。

唯有經過父母巧妙的引導，才能讓他們漸漸走出「舒適圈」，去探索其他聲音的世界。

有小孩剛開始不想聽《尼斯湖水怪之謎》，但也有小孩超愛聽的，反而不想聽別的。孩子的習慣與大人息息相關。大直媽媽這陣子自己在

34

34 小孩的**舒適圈**

一直聽《尼斯湖水怪之謎》，小孩無形中聽習慣了，一點都不想聽別的。這時候，可以用調虎離山之計，叫他先聽一點別的，再回來聽《尼斯湖水怪之謎》。

五歲 Vivi 一聽到 monster（怪獸）這個字就直喊：「好可怕，我不想聽。」等媽媽跟她解釋這跟恐龍差不多，然後再看投影片，知道尼斯湖水怪並不是真的那麼可怕，她便聽得很開心了。

大人也有舒適圈

我不知道各位平常對媒體如何解讀？

有讀者借我看一本雜誌，翻開前言，總編輯寫道：「我老公念XXXX英語教學雜誌已經二十年……」

有些人一看，哇，這個老公好認真，英語一定很棒！

我的解讀則不同。

我看到周遭朋友的老公，好幾位都是念同一本英語教學雜誌超過二十年，原因為何？——他們從來沒有真正學好過英語，也就是說：「英語從未過門檻。」

所謂英語過門檻，即「聽」、「說」、「讀」、「寫」能夠自由使用。

早早開始，慢慢來

　　我朋友們的老公，他們也許「讀」還可以，「寫」還可以，會「說」，但常常聽不懂。唯有這份聽了二十年的教學雜誌讓他們有安全感，換了別的，他們因聽不習慣，不適應速度及語調，便生排斥之心。所以，大人也會待在自己的舒適圈裡，一聽就是二十多年，而且還會再聽下去⋯⋯

　　若英語真的有學過門檻，你就很想東聽、西聽、到處聽，不可能會抱著同一種聽到老聽到死為止。不久前，我去了一趟倫敦，順便帶一系列偵探推理有聲書，每個案子約三或四個小時。由於工作忙碌，一個多月下來，我只破了三個案子而已。但有時間的話，我一定會繼續用耳朵破案。

教材：菜色多樣，營養均衡

　　為孩子挑選英語教材，只要把握一個原則：由淺入深，循序漸進，並注意：菜色多樣，營養均衡。

有節奏感的有聲書，讓孩子容易脫口而出

　　有聲書盡量挑選具節奏感，故事有趣的，速度正常的。倘若聽十張ＣＤ，是不同人發音的，勝過聽二十張ＣＤ，同一組人發音的有聲書，在聽力方面的效率，事半功倍。

　　英語有聲書要有實際情境、背景聲音（雖然有人覺得背景聲音很吵），因為現實世界（real world）的人不會在錄音室裡說話。

　　盡量不要挑一句中文，一句英文念成的有聲書，理由在書中各篇已詳加陳述。因為孩子往往記住中文，而不記得英語句子。

　　常聽有節奏感的有聲書，讓孩子容易脫口而出。Mitta 老師很興奮的告訴我，她兒子終於吐英語了：

　　　　我一定要來跟妳分享我的喜悅。

早早開始，慢慢來

昨天我跟兒子說：你怎麼還不去洗澡？

他回答：I certainly do.

我說：哇！你聽得懂 OZ 喔。

他就從 I am OZ. The great and terrible. 一路背給我聽。

又和姐姐從女巫被房子壓死的那一串哀號聲一路演下來。

我覺得一好一開一心一喔！

聽多了《綠野仙蹤》，真的好神奇！

小小孩不宜聽帶有懸疑性、暴力性的故事

大人聽有聲書，帶有懸疑性、推理性，或甚至有點恐怖的故事，聽起來當然是刺激過癮。但小小孩因認知能力不夠，無法分辨好壞是非，在教材內容的挑選上，要更加費心。

有讀者問：

終於聽清楚了《靈媒的故事》內容時，真的像其他同學說的：「雞皮疙瘩全跳起來了！」一方面因為我聽懂了，另一方面因為故事結局。

請問該故事是否適合小朋友聽？因為家裡和哥哥的小朋友同住，主角既是小偷、又是打算以詐欺為常業的傢伙……

35

如果小朋友已經開始看報紙和電視新聞，就可以聽《靈媒的故事》。或是大班生、小一生已知周遭生死、壞人的事，那也可以聽。

總裁的例子

在學習英語階段，盡量讓自己習慣各式各樣的聲音，雖然都是標準英語或美語，但不同人說話就是有不同的腔調。況且，以後跟老外講話，除非是你付錢的（如外籍老師或店家），誰有耐心講兩遍？

一位跨國企業總裁在二十七歲那年應徵這家公司，當時他的英語程度不佳，但他本身是個努力上進的人，向主管保證：

「只要您錄取了我，我一定會盡最大的努力把英語學好。」

這個人會當上總裁，一定有超乎常人的意志力，於是他天天花一至兩個小時學英語，天天如此，從不間斷，毅力非常驚人。

幾年下來，他的英語在聽說讀寫皆有很大的進步。他雖然用功，但還是有一點做錯了，那就是教材的選擇——七年來，他只念同一種英語教學雜誌。

早早開始，慢慢來

老實說，任何教材都很好，任何教材都有其作用。

但是，人總是要不斷往上提升，若是今年念同一種教材，明年也念同一種教材，後年也念同一種教材，接受的英語刺激過度單元化，那他的進步邊際效益將逐年遞減，最後增加的僅有單字而已。

七年後，公司覺得這個人很上進，是個人才，值得大力栽培，於是舉薦他到美國總公司受訓兩年，準備培養成未來領袖。

他帶著太太小孩前往美國，正打算展開新的燦爛生活，沒想到四個月後人家要遣送他回台，原因就是英文不佳——四個月以來，他從來沒有笑過，因為他聽不清楚，不知道什麼時候該輪到他笑，或是什麼時候不該笑。在公司開會或私底下的聚會，他總是別人笑過他才笑，慢了半拍。聽不懂別人在說什麼，有時對方不會體諒你是英語不好，反而會覺得你這個人怎麼笨笨的，反應那麼遲鈍，一天到晚恍神。

他不解的是，明明同一批美國同事到台灣開會時，彼此總是能溝通，為什麼等他來到美國，他們講的英語卻聽不懂，尤其是一大堆美國人在場時。當然，四個月下來，他終於醒悟到，原來同一批美國同事到台灣時，都是配合台灣人在說英語，說的是很淺很慢的英語。然而回到美國，若再這樣說話，大家可能會以為他是不是有什麼毛病。

35

小孩聽得清楚，只是聽不懂
大人是看得懂，而聽不清楚

早早開始，慢慢來

我在彰化溪湖國中演講，有位家長突然說：

「我的小孩是視覺型，所以他聽不懂英語。」

我當場愣住，真有人拿這個理由來當做學不好英語的藉口。等回過神來，我問這位家長：

「請問您的孩子的耳朵有問題嗎？」

「沒有啊！」家長回答。

「請問您的孩子聽得懂國語嗎？」

「沒問題啊！」家長回答。

「所以您的孩子不是所謂『視覺型』，而是英語沒學好。」我鄭重的回答他。

越小的孩子，聽力越厲害

桃園地區私立傑克愛瑪美語短期補習班有一百多個學生，大部分是小學生。經過幾年的實驗結果，Emma 老師發現，越低年級生的聽力越好，而聽力好，直接影響到跟述能力，所以年紀越小，英語說得越漂亮流利。

　　有位讀者在教學醫院擔任耳鼻喉科醫科主任，我開玩笑建議他開英語聽力門診，治療處方就是回去每天聽英語ＣＤ，按三餐聽。

　　這位讀者自從升為主治醫師，偶爾有機會出國參加醫學會議。他說發表論文時可以事先在台灣準備好，甚至全文背起來，在現場對聽眾侃侃而談。可是等到Ｑ＆Ａ的時候，怎麼辦？根本不知道人家會提出什麼樣的問題。他曾半開玩笑說：

　　「每出國一次就覺得受辱一次，因為常常聽不懂。」

十二歲以後容易有口音

　　小孩子的聽力沒有問題，他們只是不識字而已。

　　我也試過 Sunny張的兩個尚未識字的小男孩，不管剛剛教過他們什麼單字，我另外再放不同的電影片段，夾在一大串英文字之間，他們依然可以聽得清清楚楚，反倒是旁邊的大人聽得糊成一團。

　　父母應該趁著小孩的耳朵正好，要給他們好好用一用，多聽正常的英語。

　　一般來說，英語聽力從小五開始漸漸退化……也就是說，與生俱來的武功，從小五開始慢慢廢掉。

　　當年我們家從鄉下搬到城裡，我已經是國一生。上學的第一個禮拜，我一開口，全班同學都在笑，笑了兩天，我就知道我那一口台灣國語跟他們大不同。可是，我們以前鄉下同學都是跟我一樣的說話。

36

36 小孩的**聽力黃金期**

早早開始，慢慢來

記得有回，在大直高中對家長成長班演講，引言人惠老師提到：有人批評成寒講英語有口音，她講英語不像電視上的 Jeff 一樣？（Jeff 是一度活躍於台灣電視圈的美國男子。）

當她把麥克風遞到我手上，我便說起自己的英語悲慘境遇，第一句話便是：「惠老師說得對，因為我從小欠栽培，我不只講國語有口音，講英語也有口音。口音，六歲成形，十二歲定型。我十七歲才開始學英語，所以才會有如此後果。希望您們的孩子不要跟我一樣……」

不過，我倒是從沒聽過哪個台灣成年人講英語沒帶一點口音。像我這一代的人，能夠學好英語就要偷笑了。

請教過一位耳鼻喉科醫生：小五，聽力神經接收度逐漸降低；軟顎（soft palate）也開始硬化，不是一下子，而是隨著時間慢慢退化。我聽說，最近歌手費玉清的聽力已逐漸退化，所謂退化，並不是變聾子，而是對語言的接收度沒有那麼靈敏。

人生就是這麼無奈：孩子聽力佳，理解力不夠；大人理解力佳，聽力差。

　　我曾經開玩笑的說法：過了相當的年紀才開始學外國語言，人家明明說的是Ａ，你聽起來像Ｂ，可是從你口中說出的卻變成Ｃ。像我現在聽俄語、西班牙語、法語這些我完全不會語言，聽起來宛如一片混沌，天地未開的狀態。

　　老實講，這些早年沒學過的外語，我聽一百遍也聽不清楚。

越大的小孩，越排斥他聽不懂的英語

　　另外，小孩要越小開始聽正常速度的英語，不必聽慢速的教室英語。而越大越懂事的小孩，比較會排斥他聽不懂的英語。

　　有位大直媽媽跟我說：她的八歲小孩找個美籍家教，一小時一千七百元，每周四小時，已經連續上了一年半，花了五十幾萬台幣。結果，我放《綠野仙蹤》給小孩聽，而且是重覆放前面五段，連續放兩遍。

　　小孩很排斥，一直喊著：太快了，太快了，我不要聽。

　　一問才明白，原來他的外籍老師講英文超級慢，而且都是講 baby English。其實，外籍老師不是不好，而是他根據你的程度在說話。

　　我認識許多老外，他們到台灣教英語，一教三年或甚至十年。他們告訴我：在台灣從沒講過真正的英語，因為台灣人的聽力太差，所以他

36

們必須放慢速度，且要簡化字詞。

　　小孩的聽力武功是與生俱來的，但因爸爸媽媽自己從小欠栽培，以爲自己的聽力差，小孩就很差。結果在孩子的黃金期沒有好好利用，等黃金期一過，學英語備加辛苦。在觀念錯誤的情況下，爸爸媽媽等於是白白廢掉了孩子的武功，浪費了黃金期。

越小的孩子，越厲害，父母可不要錯過孩子的黃金期，白白廢掉他的武功。（Veitor 提供）

早早開始，慢慢來

第 **5** 章　學習篇

提早雙語學習，不會中英倒錯

我一生最大的悔恨就是太晚學英語。以我對語文的熱愛程度，若早早給我碰到，那還得了。

年紀很小的時候，國語和英語同時交叉學習，這兩種語言有可能變成母語，不會有「中英倒錯」的情形發生。

有人說太早學英語會害了中文。那是因為兩者學習比例太不平均，若是一直標榜：No Chinese。顧此失彼，兩種語言當然會不平衡。

國語也有有聲書，聽多了，讓孩子講話字正腔圓。不過在台灣的環境裡，看中文比用聽的還重要。

我看到好多讀者的小孩才四歲五歲，他們從來沒有學過英語，也不識英文字母，只是長期跟著父母聽英語，聽久了，《綠野仙蹤》就朗朗上口。

我這裡有家長拍的影片做證明：小孩一邊畫畫就一邊跟著《綠野仙蹤》說起來，不是百分之百會說，而是百分之六、七十左右，說得字正腔圓。這樣的成果是非常驚人的，但實際上她從來沒有學過英語。

早早開始，慢慢來

　　而當初，這位媽媽剛聽這本有聲書，卻聽不懂，而且覺得很吵。但才三四歲孩子的在旁邊，卻拍手大叫：好聽！好聽！

　　爸爸媽媽互望一眼，心想：爸媽都聽不懂了，妳懂個什麼？但既然孩子喜歡，父母也就跟著聽。這個小孩就是我的理念實踐：

三歲以前，胡亂聽，胡亂講；

四歲開始，先認聲音；

滿五歲，開始背生字。

把單字抄在生字簿裡，依「遞減背誦法」認真複習這些新學來的單字。

　　但是許多家長並沒有給小孩這個機會，以為小孩怎麼可能聽懂（大人自己都聽不懂了），所以就不要放給他聽。新竹媽媽 Julia 三年前買了《綠野仙蹤》也覺得好吵，於是束之高閣三年。

　　父母不想聽，小孩就沒有機會聽，實在可惜。

　　有時父母太心急。小孩不可能只聽三遍就會有感覺或有成果，而是要多聽個幾十遍，逐漸有了感覺。但聽的過程中要給小孩一點點提示，讓他每多聽一次就越來越懂。倘若都不給孩子提示，只是放著一直聽，便像「疲勞轟炸」。

雙語浸泡法

切記：不要天天聽同一本英語有聲書，交叉學習，觸類旁通。

在童稚的心靈裡，這個世界是混沌不清的。他不用全部都聽得懂，照樣可以聽得津津有味。

越小的小孩越是如此，尤其是製作良好，速度正常的英語有聲書，字字句句有表情。真正的英語，充滿了節奏感。小孩可以慢慢從聲音中猜出劇情，而且學嘴學得維妙維肖。他們可能不知道那些句子是什麼意思，但會跟著有聲書學嘴照講。

因為在他們看大人的眼光裡，這個世界本來就有許多事物是他們不懂的。譬如：父母說故事給幼兒聽，幼兒不見得全部都能聽懂，但他可以從父母的「聲音」和「表情」亂猜一通。就算只聽懂一部分，他也聽得很開心。

小孩的問題在於認知能力和字彙量，但他們的聽力是沒問題的。

早早開始，慢慢來

一人吃，多人補

「媽媽陪我！爸爸陪我！」小小孩子常膩在旁邊，用童稚的聲音撒嬌。

既然小小孩喜歡黏父母，不妨多加利用這個心理，把孩子誘拐來學英語。家長陪小孩學英語，當做是親子時間。尤其自己在念，就更知道如何引導小孩，一人吃，多人補，全家一起提升。

聽英語，大家一起聽

我有次聽到一位媽媽說，她在家聽英語有聲書，永遠戴著耳機聽。我直覺不可思議：難道怕小孩偷聽到英語不成？

家裡有人在聽英語，其他人就算沒有學，不知不覺中也置身於英語氛圍裡。放英語有聲書使用一份電，一個人聽，還不如全家人一起聽來得環保呢！

當孩子還小時，如果他不是很想聽英語，那並不是真的排斥不肯聽，而是他從來沒習慣聽那個聲音。

所以，剛開始不要刻意叫孩子聽英語有聲書，而是，大人自己聽，然後，故意「不小心」讓小孩聽見。

每天，家長要輪流換聽不同的故事ＣＤ，讓家裡充滿英語的聲音，縈繞於耳，宛如置身美國似的。

唯一要注意的是，大人在聽「懸疑、恐怖」的故事劇情時，不要給孩子聽到。主題及內容違背社會善良風俗，大人雖然聽起來很刺激，但千萬不能給孩子聽，以免傷害幼小心靈。

家裡經常聽英語，環繞在英語的氛圍裡。小孩因為聽力沒有問題，動不動就會聽出其中的幾個單字的聲音，提出來問父母。

這是絕佳的機會教育。父母若是不懂的話，沒關係，馬上去翻內文查，告訴小孩。這種隨機學習，讓小孩漸漸記住許多字的聲音，反覆聽故事就會越來越懂。

但，如果小孩每次問，父母答不出來三次，或懶得回答。幾次之後，小孩可能就不想再問了。

小孩也會好奇問故事內容，很想知道結局如何。家長可以一次給一點線索，但不要全部講光。若一次全講光，小孩失去了想像空間，宛如偵探劇，把結局講出來等於失去了自己「破案」的機會，很可惜。

當然，孩子學英語，更不要逐字逐句翻譯。家長可以給提示，給線索，但不要一次說光光。從小要訓練孩子思考能力，太早給答案，小孩便懶得自己動腦

早早開始，慢慢來

筋思考了。

另外，光是聽，不背單字也沒用。每天挑幾個生字抄在「生字簿」裡，有系統的複習：五歲以前記聲音，五歲以後背拼字。

我跟一位九歲小孩的爸爸談，他說兒子生字簿上的每一個字都是他寫下來的，不僅是生字，連每個複習日期也是（因為怕小孩自己寫，打馬虎）。

每天陪著孩子背單字，持續不斷累積，每天看著數字上升，很有成就感。但你也別羨慕別人的孩子單字量高，想想看，「字字」皆辛苦啊！

任教於台中縣一所國小的陳老師告訴我，她每天陪三個孩子練習跟述，跟到她自己都朗朗上口。單字更是熟練得很，三個孩子分成三個程度，她幫三個孩子複習，也等於幫自己複習了三次。

陪小孩學英語，父母也等於是在為自己複習。一人吃，多人補，親子共學英語，培養革命情感，增進親子關係。

親愛的家長們，這麼簡單的事，您們為什麼不快去做呢？

38

一旦開始學英語，你就不可能再過往常一樣的生活，放了學或下了班，回到家，什麼事都不做，先坐下來好好休息。

一旦開始學英語，當你坐下來，沒別的事，就要按下 CD Player 聽英語，跟述兩下。還有背新生字，複習舊單字，做克漏字。聽多少，算多少；背多少，算多少。

一旦開始學英語，你就要放棄過去許多浪費時間的習慣：

比方說，看電視，拿著遙控器轉來轉去……

比方說，逛街——要嘛，直接去店裡買所需的東西，馬上回來。

比方說，拿著電話閒聊，東家長，西家短。

早早開始，慢慢來

為了學英語，你要排除掉大部分跟英語無關的雜事。英國人習慣把一句成語掛在嘴上："Beg, borrow, or steal."（出自喬叟 "The Tale of the Man of Law"）倘若你已是成人，想盡快學好英語的話，雖然說你不必為了學英語，而變得六親不認，冷漠到家，放棄一切。然而，時間如此有限，你就是要用各種方法「去求、去借、去偷」，把絕大部分的時間用

在學英語上面。

　　有位媽媽讀者非常賢慧，每天下班回家必做晚餐。為了買到新鮮蔬菜，她也每天必上市場買菜，所以就算不學英語，天天都已經搞得很累。何況，現在開始學英語了。

　　我建議她：從今天開始，不要天天上市場，改成每周一次或兩次。不然，人類發明冰箱是為了什麼？

　　以上情況講的是大人，但陪孩子念英語，一樣要改變生活作息。台南的四歲女生 Vivi，媽媽每天晚飯後陪她看投影片，練習跟述，飯後上課已經成為習慣，除了出國期間，幾乎一天也沒放過假。

　　有時候連一分鐘也不要放過。

把陪孩子學英語所做的活動，
當做是第四台

　　我自己從來不看電視，從小到大都是如此。唯有在美國期間，有時會打開電視聽著當消遣。依我個人的經驗，不看電視也不致於跟社會脫節，講到明星八卦，我比誰都清楚——因為我每天花三分鐘看報紙影劇版。

　　沒看電視，才有時間看書啊！

看電視的小孩

　　報紙常把這類新聞標題寫得觸目驚心：孩童看電視，長大變笨又變胖。

　　《中國時報》二○一○年五月四日報導：加拿大研究團隊三日於美國醫學會《小兒與青少年醫學檔案》（Archives of Pediatrics & Adolescent Medicine）發表研究指出，兒童若從兩歲開始就常看電視，長大後更易發胖，智力發展受阻，課業表現較差，且易受同學霸凌。

　　該研究調查一九九七年至九八年於加拿大魁北克

早早開始，慢慢來

省出生的一千三百一十四位孩童。這些孩童的父母記錄小孩在兩歲半及四歲半觀看電視的時數，等小孩成長到十歲，再由學校教師評估其課業表現、衛生習慣及心理社會發展。

結果顯示，兒童若從兩歲開始，每周多看一小時電視，長大後數學表現差六％，課堂參與度少七％，遭同學欺負的機率高一〇％，另外運動量少九％，吃下肚的零食分量則多一〇％，身體質量指數（ＢＭＩ）高五％。此外，研究數據指出，兩歲兒童平均每周觀看電視八‧八小時，四歲兒童則觀看十四‧八小時。

研究人員認為，學齡前階段對腦部的發展至關重要，家長應減少小孩看電視的時間，這樣小孩才能夠做更多有助身心發展的活動。這份研究已引發社會關注，要求政府針對孩童看電視的時數設限。

在美國，小兒科醫生建議家長禁止兩歲以下孩童看電視，而兩歲以上孩童一天看電視的時間也不宜超過一至兩小時。

法國政府禁止電視公司針對三歲以下兒童製作節目，澳洲政府則建議三至五歲兒童一天看電視的時間不宜超過一小時。

建議大人不常不要給小孩看電視節目，而是去買卡通DVD，每星期犒賞他們一齣戲，可以重覆看許多遍。而重覆的結果，許多英語句子都會學得朗朗上口。

電視節目沒有重覆，很難收到學習效果，看過就像過眼雲煙，什麼

也沒留下。就像大人愛看HBO，程度不佳者，若沒有另外學習的話，看一百年，英文依然原地踏步。

　　小孩子為什麼會看電視？那是因為大人在看電視；小孩子為什麼會看太多電視，那是因為大人看太多電視。我們家沒有第四台，日子還不是照樣過。讀者 Victor 從此停掉了家中第四台，把陪孩子學英語，看相關投影片及聽英語有聲書等活動，當做是家中第四台。

早早開始，慢慢來

聽莫札特，寶寶變聰明

莫札特刺激孩童的腦力

一九九三年一份〈莫札特效應〉的研究報告，一群大學生在聽完莫札特的音樂演奏會之後，智商頓時提高九點。從此，從美國的小學到捷克醫院的嬰兒房都在聽莫札特，以音樂刺激孩童的腦力。

根據美國阿拉巴馬州立大學的研究，大腦對節奏存在自然反應，因此音樂可以提高兒童的學習速度。（摘自《中國時報》林采韻報導）

語文並不是一蹴即成，而是要用方法訓練，且需要時間。

但用對了方法，可以節省時間。

我這輩子真正學英文，除了考托福前十個月，考完又繼續念八個月，這樣而已，就是因為我用對了方法。

建議父母，如果我的有聲書沒買就好，一旦買了，真的不要放著不聽，因為小孩真的可以聽，也可以教，尤其是學齡前的小孩，越能接受胡亂聽，胡亂

講；直接輸入，直接輸出，再經過適當教法，如我設計的〈啓發式英語教學課程〉。

　　若正常努力的話，這樣的小孩可以在小學畢業前，自修英語，讓程度完全過門檻，一輩子不用再學。

　　至於學齡後就會比較麻煩。上了小學的小孩，因爲比較懂事了，這樣的小孩會去計較她是否聽得懂，剛開始會聽了幾次後就不想聽。

　　所以要用有趣和有效的方法引導他，我開〈啓發式兒童英語教學〉就是這個目的。

　　有個女讀者告訴我，她教幼稚園小班。每天午休時間，她就放成寒英語有聲書給孩子聽。

　　小孩子非常喜歡，以爲是在唱歌。當她放〈巫婆姊妹〉給孩子聽，孩子就問是誰在唱歌？

　　她回答：「巫婆在唱歌。」

　　雖然這些幼兒幾乎聽不懂內容，可是他們聽得樂此不疲。

　　有時老師忘記放，孩子還會催老師：「我們要聽巫婆唱歌。」

　　如果小孩能把英語當成歌曲，聽聽哼哼唱唱，大人偶爾挑一兩個字解釋給他們聽，孩子很容易就能朗

朗上口。而因爲經常在聽，所以不會忘詞，自然熟悉文法，不必死背。

幼兒可以不必做克漏字，單字拼法可以用說的隨便背，最重要是熟悉字的音。

說到莫札特，其實泛指大部分的古典音樂。只要悅耳、好聽，就很適合當家庭音樂一起欣賞，或當背景音樂聽。有些情緒過度強烈的古典音樂，也許不適合幼齡孩子。

越早聽英語，英語更容易變成母語

口音六歲成形，十二歲定型。越早聽英語，英語更容易變成母語。

路透社（Reuters, 2009/11/06）這一則報導更驗證了我的說法。

嬰兒嚎啕大哭的聲音，聽在全世界睡眠不足的爸媽耳裡可能沒有差別。不過科學家指出，事實完全相反，嬰兒從出生的第一天開始，哭聲就隨著父母的母語音調發展。

一支國際研究團隊找來六十個新生兒進行實驗，結果發現，嬰兒在子宮裡就開始學習語言，這比他們冒出第一個字、開始牙牙學語早了許多。而且他們的哭聲可以用母語來區別。

法國寶寶哭聲的旋律輪廓傾向上揚，德國寶寶的則較為下降。科學家表示，這樣的模式符合法語及德語最典型的差異。

德國烏茲堡大學（University of Wuerzburg）專家沃克（Kathleen Wermke）與美法的研究員合作，他表示這項研究可看出新生兒「能發出不同的哭聲旋律」，而且他們偏好

早早開始，慢慢來

在媽媽腹中聽到的母語旋律。

　　先前的研究發現，人類胚胎在母親肚裡最後三個月，可以記住來自外界的聲音。口語模仿研究也指出，嬰兒會模仿大人發出的母音，但要等到十二週大的時候。

　　沃克的研究團隊說，他們的研究顯示，母語的影響開始得「非常早」，而且證實，嬰兒哭叫是他們與人、特別是母親溝通的第一步重要嘗試。中央社（翻譯）

　　可見，母語從胎兒時期開始形成。此點證實，英語可以從胎教開始，但我也從另一則新聞得知，羊水有擴音作用，寶寶媽媽肚子裡時，一天只能聽一小時，不要再多了。

42

初始，寶寶眼光呆滯，
不久就明亮了起來

　　有些父母操之過急，放了英語有聲書給孩子聽，也製作了投影片給孩子看，結果發現，孩子坐十五分鐘就跑掉了。爸爸竟在一旁說：這個方法宣告失敗。

　　我在想，這麼快就宣告小孩的英語學習失敗，那他以後的人生怎麼走？

　　在我為他們操心之餘，忽而想到：「請問您的孩子幾歲？」

　　「剛滿兩歲。」媽媽回答。

　　天啊！才兩歲耶！

　　其他爸爸媽媽看了羨慕得要命，人家才兩歲，竟然可以坐著上課十五分鐘。想到自己的小孩，一次能坐上十分鐘，就謝天謝地。說來，真是人比人，氣死人。但養小孩，教小孩，可不是在賽跑。不管跑得快或跑得慢，人生還很長，能夠跑到終點線才算數啊！

　　讀者的親身實驗，她從小孩一出生就放幾張充滿

早早開始，慢慢來

　　節奏感的ＣＤ給孩子聽，有英語童話、有歌有舞，還有英詩。

　　偶爾也用唱的給貝比聽。

　　剛開始兩個月，貝比目光呆滯，毫無反應。但媽媽依然繼續放，繼續唱。

　　第三個月開始，這貝比就有反應了。她會循聲音找，找媽媽或找CD player，臉上露出愉悅的笑容。

　　有時也放聖經歌給貝比聽，邊放，媽媽邊側躺著翻頁。斜倚著枕頭，結果，媽媽竟然睡著了。帶貝比實在太累了。直到被一串稚嫩的聲音吵醒來。

　　貝比伊伊呀呀，彷彿在說：英語聽完了，你怎麼還不翻下一頁呀！

　　貝比四五個月大時，曾經把他放到電視前，貝比看十五分鐘竟連動都不動。可見電視影像容易抓住孩子的眼光，問題是孩子已經看呆了，完全忽略了周遭，只一味沉浸在影像中，而少了自主思考。

小孩學英語，需要大人引導

　　小孩學英語，很難要求他自修，除非已有一定的程度。想達到一定的程度，非得有人引導不可。如同中文，當孩子可以自己看書時，父母就輕鬆了。在三重教書的蘇老師，花了兩年的時間陪學齡前的女兒看書，剛開始很累很辛苦，熬了兩年，而今女兒一拿起書來就自己看，很能享受閱讀的樂趣。

　　陪小孩學英語，一樣要投入時間和努力。

英語是遊戲，而不是學習

　　古代有老萊子娛親，現代則有爸爸演戲給小小孩看，引導他對英語的感覺。

　　在博物館服務的陳爸，他很會用動作來引導小小孩聽有聲書。

　　比方說：故事裡有一句："He jumps behind the chair."

　　每次聽到這裡，爸爸邊大聲說，邊跳到椅子後面，小小孩不僅馬上聽懂了，而且還咯咯笑個不停。英語是遊戲，而不是學習。

早早開始，慢慢來

書中有句命令語：　"On your feet!"（給我站起來！）

只見爸爸先躺在地上，然後突然站起來，口裡高喊著：　"On your feet!"

一旁的孩子，早就笑得東倒西歪。原來，英語是這麼有趣，或是，你想讓英語多有趣，就能發掘更大的樂趣。

孩子也可以學學貓王，拿支掃把當吉他，搖臀唱歌，進入有聲書的情境裡，一旦有感覺，興趣就來了。

以動作引導孩子，創意迭起，不僅促進親子互動，同時培養兩代感情。

當然，爸爸媽媽不必很辛苦的從頭到尾表演動作，而是偶爾表演一

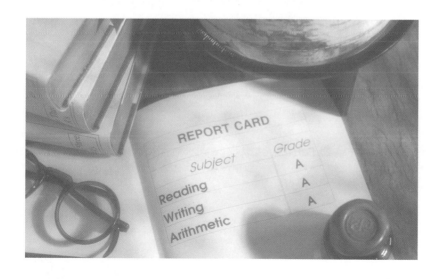

下，其餘部分，小孩邊聽邊猜，漸漸就會懂了。孩子聽英語故事，不必要求一次就要全懂，而是每次懂這裡一點，那裡一點，學英文變得樂無窮。

以下是小六生的來信：

老師：

我今年六年級，我很喜歡警長的故事。

今晚還跟媽媽一起演了一齣戲，全家的布偶都被拿來當配角，還有，海豹被拿來當人質，真慘＝＝哈哈。

每天我都花上兩小時念英語，很謝謝妳書上指導，聽力上幫助我進步很多。

偷偷告訴你 我以後想當個外交官喔。

我今後會更努力的！

　祝妳

　　　　快樂　平安

讀者 Patrick 敬上

早早開始，慢慢來

先認字，再拼字，然後才寫字。

如果你以為小孩的記憶力比較好，那可不見得。

事實上，孩子的記憶力並沒有比大人好。因為大人靠理解，反而記得久。五歲以前的孩子，往往是短期記憶而已。

「奇怪！我的小孩在幼稚園時期記住許多動物、蔬果的英語單字，可是，現在上小一，竟然已經忘得差不多了。」一位媽媽告訴我。

道理很簡單：小孩也許不是真的記住，而是短暫記憶。這些記憶並沒有被推到長期記憶區裡。英語單字要牢牢記住，必須在不同的場合碰到幾次，這樣才能永久不忘。例如：這個單字，曾經對別人講過；曾經在電影中聽過；曾經在故事書裡讀過；曾經親眼見過……

五歲遺忘期

另一方面，小孩有所謂「五歲遺忘期」。

二○一○年寒假，我帶一群讀者到夏威夷親子遊。其中一位媽媽是竹科大廠高階主管，帶著三個小

幼童如何**累積字彙量**？

孩參加。我很驚訝，最小的弟弟已經十歲，卻幾乎沒出過國。以他們家的經濟情況，不可能負擔不起。一問之下，媽媽笑著說：

「我覺得，帶太小的孩子出國沒有什麼意義。我們家老大小時候去了七八個國家，結果她都自己都不記得了。」

五歲以前，不管背了多少個英語單字，若沒有一再複習，很快就會忘光光。

不識字的幼童，如何背單字？

字彙量是學好英語必備的基本功，但字彙不能靠死背；背了又忘，何必背？

背英語單字，有方法。成寒的讀者都知道怎麼背單字，從英語有聲書裡挑下「有意義的生字」，用「遞減背誦法」背，這樣背了幾乎永遠不會忘。

那麼小孩呢？尤其是年紀在滿五歲以下，還不識字的幼童如何累積字彙量？

下載單字的發音

家長從英語有聲書裡先挑出單字，每次利用短短

早早開始，慢慢來

幾分鐘，教孩子記住幾個單字的聲音。這樣做一陣子，他們聽有聲書時聽到幾個自己懂的字，上下文亂猜一下，加上家長的部分提示，就會越來越懂。

盡量找簡單的單字，如孩子有點熟悉的水果、青菜、日常用品……

比方說：apple

家長可在我網頁上連結的「有聲字典」下載英語單字的發音，多按幾次，然後告訴孩子，這是蘋果。家長不要自己念，因為你的小孩還有機會學一口字正腔圓的英語，小心跟著你學壞了。

教孩子「跟述」兩三次，同時喊著：蘋果 apple

活潑的孩子馬上就跑開去玩了。

家長要立刻把「蘋果　apple」單字抄在生字簿裡，按「遞減背誦法」複習，久而久之，孩子就會記得一堆基本單字的聲音，這樣他們聽有聲書比較聽得懂，漸漸就會聽著迷了。

累積字彙量，跟儲蓄一樣，一塊錢一塊錢的存，從孩子很小就開始做，積少成多。

基本做法：先隨便聽，接著認字，再拼字，然後才寫字。直到小孩三歲以後再開始認字，五歲正式練習拼字，然後才寫字。這時候背單字的速度就會越來越快。

學過的，都要再複習

如果父母想到一個字就教一個字，亂槍打鳥式，學習毫無系統，白白浪費時間。

有系統的學習，就是完整的學習，有系統的複習。

當然，活潑的小孩都很調皮，可能不當一回事，根本不想背生字，有時甚至會耍賴。請參閱〈訓練孩子的專注力，從三分鐘開始〉。

在不得已的情況下，家長可以把「單字的聲音」放好幾次，讓孩子「不小心」聽到。每次放一個單字，或兩個單字就好。 讓小孩就算不想記，但聽多了還是會「不小心」記下來。

積少成多，一年下來，算一算也有好多字了。

但剛開始，尤其是幼童（四五歲以下），不必「拼字」，只要記住「字的聲音」即可。然後要用生字簿，以「遞減背誦法」複習，這樣才不會忘記。

請注意：小孩要記的是「字的聲音」而不是「拼字」。因為有家長弄錯了我的意思，叫幼童拼字，結果，小孩叫苦連天。

早早開始，慢慢來

聽力夠好，看電影中文字幕，就能記下英語單字

當聽力好，字彙量累積越多時，英語進步會更快。光是看電影，盯著中文字幕就能記下更多的英語單字。而且，一回生，兩回熟，三回做朋友。

小孩聽英語，實在太容易

建議每個父母都不要錯過這段黃金期，越早給孩子聽英語，越好。

小孩真的好好教，與生俱來的聽力，不用可惜。親戚朋友家，幾乎每個小孩都有聽過《綠野仙蹤》許多遍。

一晚，大家坐在客廳裡，欣賞一齣英國影集 Ultimate Force.

其中一個小孩聽到 nightcap ，中文字幕顯示：「睡前酒」。

他立刻問我：這個 cap 是不是《綠野仙蹤》裡的那個 thinking "cap"?

我說：對。

小孩本來就會 night 這個字，一聽清楚就能「聽聲辨字」，拼出 nightcap。

而且，因為聲音是自己聽來的，一個禮拜後問他都還記得。

另一次聽到 coma（昏迷），也是一聽就會拼，
且看到電影裡，病人躺在那兒一動也不動，印象極深
刻，很快就能記起來，完全不必背。

這種狀況也出現在大人身上。

大人的聽力夠好，光是看有中文字幕的電影，
看到影像能輕易聽聲辨字，所以也能記下許多英語單
字。我自己看 CSI 影集，不知不覺記下許多犯罪相關
的字眼，輕而易舉。

聽力夠好，文法也熟極而流

你對這個介系詞 "with" 的用法有多熟練？

我考你這句話是什麼意思？

"I'm with the FBI."

曾經，我把這句話貼在部落格問讀者，卻幾乎沒
有一個人答對，大家被那個 with 困住了。有的人還誤
以為是：我跟 FBI 在一起。

這句話經常出現在電影裡，例如《我媽媽的新
男友》裡，男主角的女友就這樣講。我因為聽多了電
影，對英語的習慣用法熟極而流，從上下文一推就知
道這句話的意思：我是 FBI。

第 6 章

小讀者
自修實例

陪孩子學英語，跟爸媽「有錢」無關，最重要是「有心」

我的家長讀者在家陪小孩學英語，大部分是因為沒有太多錢。但也有收入頗豐的家長選擇自己在家陪，因為在外面已經花了太多錢，不得已只好回家靠自己。

台南仁德鄉寬媽媽剛上完〈啓發式英語教學課程〉一個月，傳給我她的課子心得。看她的信實在有趣，尤其是她的孩子那樣精靈，我都不知道一九三四年在英國和美國兩邊都發生了事，可見她的孩子聽英語有聲書，不只是機械式聽聽而已，而是舉一反三。

她的作法值得爸爸媽媽們參考：先讓孩子聽好幾個月的有聲書，然後再開始教，一下就上軌道。

Dear 成寒老師：

我是參加第三梯次〈啓發式英語教學課程〉的家長，向老師報告一下這一個月來的心得。在去參加啓發式課程前，我就已默默用您的有聲書「灌溉」寬寬約七個多月了。在他遊戲時間裡，您的有聲書是唯一的背景音樂，三個月前，當

早早開始，慢慢來

我在看《決勝21點》影片時，裡頭有段為主角慶生的片段，所唱的生日歌曲是有聲書裡的一首歌。那時正在一旁遊戲的他，竟然能夠很完整的跟唱，爾後也開始聽到他會無意的唸出幾首小童詩。

當我發現這些背景音樂真的能內化時，我報名了十月分（2009年）的〈啟發式英語教學課程〉，且開始將背景音樂的主力改成接近他程度的英語有聲書《貓王的故事》，我還是一如往常的放著CD，但一直不知道該如何教導他，所以從沒教過他相關內容。直到去上完老師的課，我領略了教導幼童的方法、並藉此啟發他的興趣。您知道嗎？因他對貓王故事裡的「聲音」已經很熟悉了，所以當我們正式學習時，只花了短短六天，就完成該故事囉！

我們的結束絕不是草率的，他能跟述、並熟悉該故事裡的所有生字及內容，甚至貓王的歌，他都能自然哼唱。我陪寬寬在YouTube搜尋到，有段貓王唱到麥克風壞掉及學阿甘跳舞的片段，更是讓他笑到飆淚！哈哈。

相較於我們只聽了一個多月的《尼斯湖水怪之謎》，因為之前沒有花很多時間聽，對聲音還不夠熟悉，所以做教學時，進度明顯就慢了些。我花了約半個月，才陪他完成這個故事。

這讓我得到最大的心得是：

真的要先熟悉故事的聲音，然後搭配教材使用時，才會「如有神助」。另外，我在開始放《尼斯湖水怪之謎》前，有先到坊間租了《尼斯湖水怪》的影片，先藉由電影引發他的興趣，才開始讓他聽CD，我覺得這方式還不錯喔。（成寒的建議：為了引發小孩的興趣，可偶爾先看電影了解故事，再聽英語有

聲書。但大人則要先聽完十遍英語有聲書，訓練理解力，背完生字，這時才可以看電影。若先看完電影再聽有聲書，猶如洩題，你再也沒機會訓練理解力和聽力，變成是看懂而不是聽懂。）

記得那時看完電影，我是這麼跟寬寬說：「電影很好看吧！我有《尼斯湖水怪之謎》的故事CD，很好聽喔~你想不想聽呢？」

孩子是很好拐騙、很天真的，不會發覺我「刻意」的「用心良苦」，而接下來經典有聲書《綠野仙蹤》，我也打算如法泡製。

這一個月來，我都覺得自己下班後在「兼差」。寬寬學習英語的熱忱極高，每堂課都至少維持一小時。（第一周時，寬寬甚至每天都硬要我上滿兩小時才放過我~_~）

孩子每天放學後，就興奮拉著我上英語課。

我從來沒想過只有國中英語程度的我，居然可以教英語耶~

而且，他覺得我是個很棒的英語老師，他說我的英語課很好玩呢！

昨晚我因身體不適向他請假一堂課，他竟然跟我說：「那妳放假（六、日）時要補回來喔！」

早早開始，慢慢來

天啊！我竟然還要「補課」耶~昏~~Orz……

我發現他真的有認真聽CD耶~

在《貓王的故事》中出現過很多「19**年」，讓他學會了西元的唸法，而當《尼斯湖水怪之謎》也出現「一九三四」時，他馬上說貓王也有「一九三四」。

我查了一下原文。哇！是貓王媽咪懷孕的那年耶。

他原本就是個對世界地理及異國事物具有極高興趣的孩子，藉由這些有趣的英語有聲書，更擴大了他的視野。

每學到一個地名，他會立即從地圖上找出該地位置，然後興致勃勃的與我分享及討論，看他清楚的指著地圖唸著：

Scotland is part of the United Kingdom.

Great Britain is only England, Wales, and Scotland.

The United Kingdom is Great Britain and Northern Ireland.

當下我很感動啊！……

只希望他不要讓我「加班」太晚……白天我還要上班呢！

我很遺憾在自己全心全意照顧他的前四年裡，沒接觸到成寒老師的觀念和書，也不知道這樣的教學方法，搞到現在下班後要「兼差」。

所幸五歲開始，為時不晚，我們會繼續努力的。我已打定主意，要自己一路陪著他學英語，省下補習的錢。我們要在學到一定程度後，出國走走，讓他看看這些故事中的世界（他已選定好地點，說要先到「Tupelo」去看他的偶像—Elvis Presley）。

47

47 媽媽下班**兼差**教英語

有認真的父母比沒認真的父母，差很多

　　我分析寬寬的學習情況，這個五歲小男生到此刻為止，只記住單字的聲音，但還沒有背過拼字。

　　寬寬的例子讓我覺得，有認真的父母比沒認真的父母，實在差很多；有努力的小孩比沒努力的小孩，也實在差很多。

　　而這個小孩只是每天花一個小時跟媽媽上課，聽英語有聲書，看許多投影片，練習發音，以及看圖片培養認知能力，其他時候就是一直在「聽」和「跟述」而已。

　　書上的字，他只是認得樣子，不見得會拼，也沒學過自然發音或KK音標。結果，整本《尼斯湖水怪之謎》幾乎都會念。（我猜，有些句子他可能是因「跟述」很熟的緣故，並不是完全認得那些字）。

　　寬寬朗讀，請上 YouTube 搜尋：寬寬朗讀《尼斯湖水怪之謎》。

用心的父母為孩子製造英語環境

　　同樣的情況也發生在嘉義的賴爸身上，他寫信給

我：

　　我現在每天都擔任家教，教我的兩個小孩（一個幼稚園、一個小五），現在的方式是，用彼此考試比賽的方式，那個小的每天還主動邀我上課呢！

　　在家陪孩子學英語，需要不斷摸索及調整。家長之間，互相鼓勵，彼此學習及交換訊息。寬媽咪回覆賴爸：

　　嘉義爸爸，我跟你說喔，爲了可以讓寬寬常常「聽」到教材內容，我在客廳、書房、房間都各擺了一台CD Player，當他在遊戲時、吃飯時、睡前，我都放有聲書給他聽。

　　我狠下心來把第四台停掉了。平日，除了用餐時間看新聞外，電視只是裝飾品。眞的，沒有第四台，多了好多時間喔。

五歲的寬寬可以自己看書朗讀《尼斯湖水怪之謎》。（寬媽咪提供）

47

家長的栽培與關注，最為重要

為什麼孩子不能自動自發，每天自己勤快念英語？為什麼一定要在父母的催促下，孩子才願意去念？為什麼別人家的孩子都那麼乖？我們家的卻沒有？這是許多父母暗藏心中的疑問。

為什麼？為什麼？不要再問為什麼了。也許是遺傳基因，也許是後天環境，誰知道呢？

孩子不懂事，他不會明白學好英語的重要性，父母何必跟孩子計較呢？畢竟是自己的孩子啊！父母積極一點的作法就是，幫助他，陪他一起念。

陪讀力量大

去年，我有兩位小女生讀者，基測成績都有上北一女，但她們都沒有念北一女：一位直接到美國華府念私立高中，另一位念當地最好的高中。

不像一般教學雜誌的短文，聽英語有聲書，需要投入大量的時間。去美國念高中的那位女生，剛開始自修英語已是小五將升小六。

國中國小的孩子，一時還不能放手。既然選擇

早早開始，慢慢來

不補習，父母親為了跟時間賽跑，兩個人每天晚上輪流陪孩子聽英語三個半小時，且背生字和做相關功課。一直做到上了國中，時間有限才罷手，畢竟國中生的功課應付不暇。

這女生上了國中以後，在班上成績總在第五名上下，很少拿到第一名。英語成績也很少拿滿分，儘管學校的外籍老師說她的程度很好，而台籍老師對她的英文作文則常有意見。

她在國一上學期考過英檢初級，下學期考過英檢中級。這次基測，她的英語考滿分，英文作文也滿分。不過，滿分真的沒什麼，因為其他讀者的小孩也都考滿分。特別的是，她們班上只有三個人考上北一女，而她以第五名，竟也能考上，跌破同學的眼鏡。

學校的考試通常有範圍，有時漏抓了一題就考差了。但基測考的是程度。只要平時學習平穩，程度打好。還有父母的觀念問題，他們毫不計較成績一分兩分，分數不是他們的關注點，因為學校的考試有範圍，而出了社會看的是實力。

暑假白天，家長又找了家教來陪讀兼監督，盯小女孩念英語，出功課給她，考她生字。小女生的媽媽說：「就算這麼大了，還是要有人稍微盯著，小孩子才會很用功。不然整個暑假會玩瘋了。」

像這樣的例子，讓我想到，家長的栽培及全程關照很重要。

這個小女生原本就已經滿用功的，但家長還是非常注意每一過程，不敢隨便疏忽。當然，一方面是因為家長本身的經濟情況較佳，另一方

家裡可以簡陋，但不能少了書；書是客廳最好的裝飾，也是小孩成長最重要的東西。（Victor 提供）

面，他們真的是很用心的家長。長達一年多時間，他們每天陪小孩聽英語，做相關功課，每個晚上陪讀三個半小時。

陪讀的力量有多大？各位家長，請問你每天有花三個多小時陪孩子念書或學英語嗎？

媽媽只教價值觀和學習方法，其他都不教

至於從來沒上過學的小孩，他們怎麼學英語？

這位小女生自修英語，大家都以為她有去補習，因為她的英語特別好，連流行英語小說都能看懂，電影也能聽懂。當然，其他學科也表現優異，結果去年考基測，考了四百多分，足足可上北一女。

「都已經沒有上學了，哪還要去補習？」陳媽說。

大家都以為，起碼這位媽媽本身的英語程度一定很高強。她笑著說：「我們以前就是沒學好英語，所以才特別找方法，讓小孩真正學好。」

早早開始，慢慢來

　　有些家長欣羨道：「就是因為她沒上學，上了國中還有這麼多時間聽英語，像我們家孩子要上課，要補習，哪還有時間啊！」

　　陳媽有一兒一女，參加自學方案，從來沒上過學，都是媽媽在家陪讀。陳媽的教育方式並不是一直教，而是引導小孩自己念書。有問題提出來問，大家一起找答案。媽媽說：

　　「科目這麼多，我們哪有那麼厲害？國中老師每個人也不過才教一科而已，我們怎麼可能科科都會教？基本上，只能給孩子大方向，導正她的價值觀，讓她順著正確的學習方向一直走而已。」

　　孩子雖然不上學，但有回去考段考。有時也不見得考很好的成績，但陳媽都無所謂。

　　他們家都是書，這裡，那裡，四處都是書。有時候，女兒或兒子沒時間看某本書，媽媽自己先看完，把精采的部分講出來給孩子聽。當小孩在外面受了點挫折，媽媽立刻挑出其中一本可以鼓勵人心的書，讓孩子看了有心靈撫慰作用。當然這些書，她自己都先讀過了。

　　「培養孩子自動自發學習，比一直上課還重要。」陳媽分享她多年的課子心得：「教小孩的價值觀和學習方法，也勝過看當下的考試成績。有些小孩子，雖然一時進步慢，成績不夠理想，但只要觀念正確，走對了路。有一天開竅，依然會有所成，現在不要太擔心。」

48

**被動的孩子，
為了考試才讀書；有老師盯才念。
主動的孩子，
不考試也念書；不必老師盯也念。**

　　彰化地區 Shelly 老師收的幾個女生，一年多前開始上這個家教班。這是鄉下地方，學生都很乖，但也跟大部分的孩子一樣：被動。

　　被動的孩子，為了考試才讀書；有老師盯才念。

　　主動的孩子，不考試也念書；不必老師盯也念。

　　但 Shelly 老師每周只上一次課（所以學費才便宜啊！），但她敢開除掉學生，不用功的，經過勸導無效後就請他走，留下來的當然是優質學生。畢竟補教業又不是義務教育，家長挑老師，老師當然也可以挑學生。

　　Shelly 老師這樣短時間的上課方式，只能引導學生正確的讀書方法，提醒學生重點及幫學生規劃進度，還有監督學生是否有確實執行。

　　孩子們生下來都有潛力，只是需要老師及家長的激發。

早早開始，慢慢來

　　在 Shelly 老師的循循善誘下，學生從「被動」逐漸變成「主動」，念書態度變得非常積極。一般小孩去補習，還是沒有學好英語的原因，就是老師規定才做，沒規定的，小孩就打馬虎眼，沒有養成自動自發的習慣。

　　第一次報考英檢，在事先沒有做任何測驗題的情況下，這些女生全部順利考過「初級」。她們不走旁門走道，也不死背文法，不狂做考題，變成考試機器。學生就只是一步步念完大約二十本有聲書，長則一小時，短則十五分鐘而已。

　　在寫作方面，Shelly 老師要學生用「跟述」的方式，把《成寒英語有聲書1──綠野仙蹤》跟得滾瓜爛熟，所以寫起文章得心應手。

　　而英文開竅了，其他學科也跟著開竅。

　　這幾個小女生現在學校的成績超越其他同學，而且企圖心越來越大，彰化女中已經不是她們的目標，她們未來打算考北一女。不管結果如何，英文開竅了，孩子更有信心面對挑戰。

　　有些補教業者非常有良心，期許自己能夠真正幫助到孩子。一回，苗栗的紀老師告訴我：「我的期許是，不管孩子在我們這邊補多久，希望他們不補了以後，還能夠自己念，最終把英文學好。」既然如此，教會孩子讀書方法，比上多少課都還重要。

49

廚工媽媽，
陪小孩一起考過英檢

先學英語，再學文法。

　　我們當年，先學文法，再學英語，差點害我溺死在用中文解說文法的繁瑣大海中，後來靠著多聽英語，文法反而更熟悉，連想都不必想。聽多了英語，文法可以內化，熟極而流。聽多了英語有聲書，看文法就較能看懂。我自己摸索很久，一直拖到十七歲才有所領悟。

　　有位小讀者現在念國一，因為有個好媽媽陪她一起學英語，母女倆一起考過英檢。這位媽媽並沒有顯赫的學歷，她只有高中畢業，在小學營養午餐擔任廚工。

　　以下是小女孩的媽媽 Linda 發表的留言：

　　我的女兒念國一，從小學開始聽英語，小五開始接觸成寒英語有聲書，沒有學文法，就算認真的講給她聽，也只會氣死自己。每次考試都憑直覺，目前為止都在九十八分以上。如果沒有一百分，她的解釋是沒聽過有人這麼說。（依成寒的說法是：沒人會這樣講英語。）

　　這次英文月考，其中有一題： Everyboy and everygirl ＿＿＿＿＿＿＿ in the classroom. 空格有兩個選擇： study

早早開始，慢慢來

or studies。結果，女兒連想都沒想就填 study，因爲她認爲兩個 every 加起來應該是複數。

我也不是很確定，翻了文法書看，上面明明白白寫著：單數。

女兒大喊不公平。英文老師安慰她，至少妳又多學了個文法，保證永遠不會忘記。

我想跟女兒說，就算沒有背文法，妳考出來的成績已經跟補了好幾年英文的資優生同分，實在不必太擔心。

不久前，女兒參加學校英語說故事比賽，本來很沒信心。我告訴她可以用英式英語打敗他們。於是，平常不喜歡跟述的她，拿出《福爾摩斯》有聲書認眞跟述，學角色人物的英式腔調，後來得了第一名。

女兒高分考過英檢中級，媽媽低分飛過

這次，我和女兒一起通過了英檢中級初試，她的分數比我高：聽力117，閱讀114，我的聽力95，閱讀105。

成寒老師說：聽力好，可以增進閱讀的理解力及速度。我終於相信了。

當天考完出了考場，女兒說：媽媽，閱讀寫完還有十五分鐘，我有檢查一遍。當時，我還怪她太草率隨便寫，因爲我自己考到監考人說剩五分鐘還有三題沒寫。分數證明，我低估了她。平常一本英文書我看三天，她一天就看完，我會念她怎麼老是隨便翻翻，看來是我自己太差了。

今天中級複試成績揭曉，女兒通過了，我的口說只有七十分，沒有過關。

50

早知道會有這樣的結果，因為我從未做「跟述」。

考試時題目聽得懂，嘴巴卻結結巴巴像個白痴一樣。雖然我沒有通過，可是我一點也不難過，因為我知道是自己偷懶。

我很高興女兒能通過，證明我選擇成寒的方法是正確的。原本我在賣早餐，每天都很忙又很累，根本不想學英語。

除了督促女兒背單字，檢查她的進度，我並沒有很認真的念英語。後來結束了早餐生意，到學校當廚房阿姨，每天下午兩點半就下班，又週休二日，多出來的時間讓我很認真的背單字，聽故事，我知道跟述很重要。

但是我一直不喜歡喃喃自語的感覺，雖然我會要求女兒跟述。

做給她看比教訓她有用

我的朋友常常問我為什麼花時間學英語，我已經四十二歲了，學歷又不高。就算學好英語，又能做什麼？

我總說因為我想自己教孩子英語，一定要跑在她前面，而且國中階段的孩子，做給她看比教訓她有用。

經過這次的考試，我想對我和女兒來說意義深遠，我

早早開始，慢慢來

們證明了不補習的孩子，英文也可以不錯。學歷不好，勞工階層的媽媽也可以教孩子英語。

　　只因為我們用對了方法，成寒老師，謝謝妳。

隨著單字量的累積，
背單字的效率會越來越高

高雄縣阿蓮鄉，有位媽媽每天早晨五點半就把小孩叫起來，梳洗完畢，全家一起聽英語有聲書，利用投影片幫孩子上課，背新生字，複習舊單字。

在每天規律的學習下，半年竟背超過三千個單字。注意，他們背的不是單字書，而是從有聲書裡挑出來的「有意義的單字」。

但這並不是奇蹟，或苦學。這些表現有個前提，之前他們已經聽有聲書兩年，並且按「遞減背誦法」，以熟悉聲音的方式背，已經背了一千五百個單字。

也就是說，他們對「聲音」與「單字」的連結非常熟悉，有了前面的基礎，加上〈啓發式英語教學課程〉的投影片技巧，還有自己的努力用功，才有可能現在半年內背了超過三千個單字。

小孩現在是小五，隨著單字量的累積，以後背單字的效率會越來越高。 我估計，到小學畢業時，一定可以背至少一萬多個單字。

不過，有一天，這位媽媽帶點哀怨地說：

早早開始，慢慢來

「成寒老師，請問我這樣陪孩子學習，還要再陪多久？」

我安慰她：

「既然您可以做到現在，那當然可以再做下去，忍耐一下。只要孩子背滿兩萬個單字，您就大功告成啦！」

三天曬網，兩天打漁的家長

老實講，知易行難。

每個家長都知道，父母在家陪讀的小孩，功課表現比較好。我看到新聞報導，今年大學學測滿級分的一位建中生，家裡賣蔥油餅，賺錢不多。面對採訪時，這對令人敬佩的父母坦言：

「我們沒有錢，但我們陪孩子的時間多。」

有位媽媽讀者住永和，本來每天陪五歲雙胞胎女兒念英語，孩子念得很高興，天天吵著要上媽媽的英語課。誰知，媽媽反而覺得很累。暑假期間，帶孩子出去玩兩個禮拜，回來以後，小孩把這件事忘得一乾二淨，媽媽樂得不提。

我跟她談起時，她說好一陣子沒教她們，已經忘記教到哪裡。我反問她：

「妳們家雙胞胎只要開一堂課而已，妳竟然忘記教到哪裡，那人家老師教那麼多班，怎麼辦？」

52 媽媽不是很會教，而是**很會帶**

有做，總比沒做好。
早做，總比晚做好。

從來沒補過習的小孩就是很閒，真的很閒，閒到只好去看書，看了很多很多書。這是我自己的成長經驗，而台南歸仁鄉的媽媽李秀雲也是這樣帶孩子。

她是個非常有智慧的媽媽，找了許多書來看，決定不假他人之手，自己帶兩個小孩。兒子和女兒連幼稚園也沒上過，都是秀雲一個人教養出來的。她結了婚生了孩子，秉持著一個信念：

有做，總比沒做好；早做，總比晚做好。

有成就感的童年，比無所事事的童年還要快樂

哥哥上國一時，秀雲陪著哥哥一起去考英檢「中級」，兩人一起通過。但哥哥考非常高分，媽媽的分數尚可而已。

很小的時候，實際上在媽媽就花了許多心思引導孩子。

去年，兒子以口試和作文考上南部一流高中語資班（想想看，他自己練功，根本沒機會跟老外練講

早早開始，慢慢來

話），班上有些同學曾上了九年的雙語學校。

考前，媽媽心態很平淡，跟兒子說：

「你能考上這所高中就好了，管他資不資優呢！」

沒想到兒子不僅考上，也上了語文資優班。入學不久又通過學校的考試，從此可以不再上英文課。不必考小考，也不必考段考。媽媽說：他兒子的英文語感很好。可是學校的英文考試有時非常鑽牛角尖，班上有同學在美國住了十二年才回台灣念書，對小考和段考有時也很頭痛。

有同學開玩笑說：「不是不會文法，而是不會那種考法。」 現在可好了，再也不必上英文課，不必考試，每個禮拜只要交出一篇作文就好了。

今年四月分，兒子又考過英檢中高級初試，現在在等六月分的複試。這是個從來沒有補過習的小孩，您知道這個媽媽多用心嗎？

教好老大，老二就更好教。秀雲的兩個小孩相差三歲多，但在語文學習上，妹妹一直緊跟在哥哥後面。哥哥國一那年的暑假，妹妹正要上小三，剛好《哈利波特》最後一集上市。既然暑假沒補習，閒閒沒事幹，哥哥便邀妹妹一起來看書：

「趁著新書要上市以前，我們把《哈利波特》前六集重新看一遍，好嗎？」

「好啊！」妹妹點點頭。他們看的是英文版。

他們花了近兩個月，連同新書看完全部七集《哈利波特》。兄妹倆的心得是：「這次看比以前更看得懂。」因為理解力是漸進式，不是一蹴即成。

這個例子提醒所有的媽媽，別人的小孩是媽媽用心帶出來的，不是撿來的。

台南歸仁的一家書店老板娘回憶好些年前，當秀雲的孩子還小時，她常到書店買書和買大海報，為孩子製作單字卡。不過，現在拜電腦科技之賜，作投影片反而更快，且更有效率。秀雲跟我討論：如果用投影片為小孩做有聲單字卡，比她當年用海報製作提高八倍效率。

秀雲一路陪小孩做功課，一般學業，哥哥陪到小六，妹妹陪到小二；但英文則花更長的時間，哥哥陪到國一，妹妹陪到小五，媽媽就都不管了。

讓我體會到，教養小孩，前面辛苦一點，後面就輕鬆多了。如果前面輕鬆，若運氣不佳，後面恐怕要辛苦幾十年。

有一天，兒子有感而發，對秀雲說：「我覺得，媽媽不是很會教，而是很會帶。」

早早開始，慢慢來

陪孩子念書的時間，當做親子時間

這位媽媽，她的先生自己開一家公司，她是老板娘，也在自家公司裡上班。孩子才小三，已經花了兩百萬的補習費，從全美語幼稚園一直上到雙語小學。直到發現英語進度有點跟不上，於是轉到公立小學，這時問題又出現了。

她的孩子國文顯然不太好，而英語也不見得比同學出色。媽媽以為孩子出了什麼問題，四處去上各種親子教育課程。我跟她討論了半小時，結論是她的孩子其實沒什麼問題，只是沒有背單字而已。本來，她還想請一位外師來家裡練英語會話，我建議她：

「妳的小孩上外師課已經上夠多年了，我看暫時不要上好了，以後再上。目前，最好的方式是，妳跟先生講妳每天下午四點就下班，然後回家去上班，陪孩子念英語和國語。」

她果真照做了，訂一份《國語日報》，每天陪小孩念幾篇文章，英語單字則挑「有意義的單字」背（「有意義的單字」就是有上下文，而不是死背單字書）。

早早開始，慢慢來

　　她的小孩資質一點都不差，可能是以前的學習方法有誤，學校及安親班的老師直接叫孩子背一張單字表，沒有上下文，孩子對這些單字無法產生革命情感，背完就忘。加上爸爸媽媽放著不管，也不能說不管，而是完全信任別人。

　　而今，媽媽每天帶小孩一起念，把陪伴孩子念書的時間，當做是親子時間，關係很甜蜜。想想，小孩都已經小三了，願意讓媽媽全程陪，也沒剩幾年了。自己的小孩個性和脾氣，父母最了解，容易拿捏得恰到好處。當然，每天都要做這件事，需要耐心與堅持。

　　不過，畢竟是自己的小孩，又不是別人的！再辛

苦也值得。

竟然叫你不要背單字

這個例子，我在土城國中演講完提一下，沒想到現場竟有媽媽舉手說，她的兒子也是如此。

這位家長的孩子在數理方面是資優生，但數理從來沒補過習。從小只有補過英語，而且花了不少錢。但直到上了國中，家長才驚覺，孩子的英語並不好。

「沒補的功課，反而更好。」媽媽苦笑著。

這位媽媽提到一件事，令我覺得有點不可思議。

她說：兒子上的那家全美語補習班特別強調，小孩不要背單字。

當然還有更令我不可思議的，讀者 Ching 寫道：

在我念國中的時候（我是63年次），我們的英語老師真的不准我們背單字，叫我們背音標。他考試只考單字的KK音標怎麼寫，不考單字的字母怎麼拼。還說背單字字母被他看到的，要叫出來打。我曾經因為「一個」音標不會念，被他打了三十下。

我覺得音標只能當參考，不能拿來死背。老實講，只要聽得清楚，常聽就會念。美國人根本不會音標。

53

53 媽媽四點下班，回家上班

澳洲的小一生也要背單字

　　正在澳洲修博士班的讀者 Mr. Wang，他的女兒在當地念小一。

　　他寫道：澳洲的小一生，除了每天規定讀一本課外讀物外，進入第二學期不久，回家作業就有單字本要練習寫。就像我們在台灣讀小學時，回家作業一樣有國字要寫，一樣的道理。

　　小孩背單字這件事，很難要求學校或補習班做。因為上課人數不少，每個學生每天都叫來背新單字，複習舊單字，哪還有時間上課呢？

　　在桃園市開一所兒童美語補習班的 Emma 老師，對學生盯得緊，要求學生回家嚴格執行「遞減背誦法」。可是這方法天天都要做，若大人不盯著，小孩就打馬虎眼。有回，一位打扮時髦的媽媽有事到班上來，Emma 老師逮到機會對她曉以大義，希望媽媽負起責任。這位媽媽竟回應道：

　　「我很忙！」說完，急著走出去。

　　背單字，最好是爸爸媽媽自己來，少量多餐，每天只花少少幾分鐘，持續不間斷，背久了就成了習慣，孩子也不引以為苦，大人也已經認命（開心的認命）。

早早開始，慢慢來

第 7 章 大人的迷思

> **有人跟我說：**
> **英語不好，是因為沒有機會用。**
> **我的回答是：**
> **只要你的英語好，就有機會用。**

有位外商銀行的資訊長跟我說：「都要怪妳，妳在那本已絕版的《躺著學英文——聽力從零到滿分》裡寫著：學英語要有動機。以前，我根本沒有動機，經妳這麼一寫，我更是提不起勁來學英語。」

這位資訊長一直任職於本土銀行，但有一天，銀行被購併，變成了外商銀行。他的高階主管職位雖然保住了，但因職位高，經常要跟老外開會。而且，這些老外都是銀行高層人員。

每次老外來台開會，總要另外帶個翻譯隨行。

每次開會要有人翻譯，本來兩小時的會議，往往要花超過三個小時才能開完。這位資訊長很擔心，不知道哪一天自己的工作會因為英語而被取代。

所以，如果你現在沒有任何動機學英語，起碼要有危機意識。

英語，寧願備而不用，不要等到要用時卻來不及。

早早開始，慢慢來

英語成了職場保命條件

在高科技產業任職的讀者 Laura 留言在我的網頁：

高科技產業驟變，現實一點學好一項語言，是我這過了三十歲的職場保命條件之一。

最近我與一位人資長官聊天，他們已經把「英語口說、聽力與閱讀測驗」列為新人招募的程序之一。如果沒有達到一定的程度，連主管面談的機會可能都沒有。尤其三十多歲的人都有一定的專業程度（如果以前不要太混的話），都是找來當儲備幹部。英語不好，如何帶領團隊。如果只是要找體力好，不如找個剛畢業的年輕人。但就算是剛畢業的年輕工程師，現在也要求英語程度佳。

沒錯。讀者 Cindy 幾年前從華碩跳槽至另一家科技公司，她的條件也許跟其他工程師差不多，但她的英語測驗拿了滿分。她說，這也許是被錄取的原因之一。

跟著先生外派德國的太太

人生中有很多事是意想不到的。

從沒想過有機會來德國，帶著自己幾百個理由而念念停停的英語，

也讓自己再次面對英語的重要。

──以上是一位媽媽讀者從德國的來函

我的回函是：

54

英語通，十分之九的世界都能通；
英語不通，德語恐怕也難通。

另外，有許多太太從新加坡、美國、加拿大、英國、澳洲、荷蘭、越南、泰國、愛爾蘭等地寫信給我。她們說從來沒有移民的計畫，因爲並不想永遠變成外國人，可是，若此生能夠在異國住一陣子，而且本身沒有經濟壓力（老公賺錢就夠了），可就近四處旅遊，結交各國朋友，享受異國情調，以及沒有公公婆婆的單純生活，多好啊！

無奈，語言障礙讓她們在異國備添寂寞和壓力。

奉勸所有的已結婚或還沒結婚的女生，學好英語不只是爲自己，有時也是爲了老公和孩子。

有位女讀者，結婚多年來，一直是家庭主婦。她的責任就是把小孩和家照顧好。沒想到，有一天先生外派至國外，孩子送國際學校，她突然要跟學校的老師以及其他外國家長溝通及交流，有時還要帶小孩去看醫生。

每次跟外人溝通，她都痛苦得要命。這時候，她不得不開始學起英語來。

早早開始，慢慢來

沒有危機意識的媽媽

先生外派越南的媽媽來函：

我就像是老師說的沒有危機意識的媽媽，在校時英語就不好，離開學校就業後更沒碰觸英語。去年先生突然被公司外派到國外，十歲的兒子因此進入當地國際學校就讀。兒子從中文教育轉受英文教育，我非但無法幫他適應，還比他更怕進入他們學校。曾有一次他們學校人員打電話提醒匯款單上要註明學生學號，在電話中，她以英語說了數次學號，我還是無法聽懂僅僅是英文字母與英文數字的學號，只好請兒子到學校查一下。

小三的兒子竟然跑到董事長辦公室問學號，董事長再帶他到事務人員處查詢。唉！

半年前很慶幸發現到了成寒老師的網站，用老師的方法和有聲書，每天聽、背單字、做克漏字、跟述，目前念到 Level 3 的階段。

我四十歲了，排斥英語近三十年，現在每天聽英語有聲書，竟然覺得自己能有整天的時間聽英語，真幸福！

上星期又接到學校電話，我竟然不會很心慌，竟然能聽懂他說孩子發燒，請帶孩子回家休息。雖然電話中我還是只能說「Yes」和「Thank You」，但是真的聽得好清楚跟自然，腦中不用英翻中。

54

有位女讀者從澳洲留學回來四五年,已經結婚生子。她常勸親友:「你們以後不要把小孩送到澳洲,因為澳洲不是學英語的好地方。」原因是她自己在澳洲待了幾年,英語程度依然不佳。

難道澳洲真的有問題嗎?留澳的學生那麼多,為什麼別人的英語能變好,妳不能嗎?問題在於自己,不是國家。

住在西雅圖的一位台灣人,移民已經兩三年,寫信問我,連續問我好幾個問題,把我都問煩了。最後他說:

「我再問妳最後一個問題,請簡單告訴我:為什麼我來美國兩三年,英文還是不好?」

我不認識他,怎麼會知道他英文不好的原因。但我還是隨便亂講:

「因為你看電視,把字幕打開看。」

他嚇一跳,覺得我好神!

實際上,我以前在美國看到那些英語不佳的留學生和家庭主婦,他們看電視永遠打開字幕,看了很多年,英語完全不會進步。對成年人來講,一旦用了眼睛,耳朵就休息不上工了。

早早開始,慢慢來

　　早年在美國買一台字幕機，要花近兩百美金。現在的美國電視機爲了照顧聽障人士，字幕機直接內建在裡頭，英語不佳的外國人不用白不用，用久了，簡直把自己搞成「英語聽障」。

　　因爲聽力不好，在當地無法自然接收英語。

美國住了十一年，回台灣學英語

　　這位女讀者的情況更有意思。

　　她在美國住了十一年，上過社區學院的英文課，但因程度不好，上課規定寫作文，完全寫不出來。

　　後來又想去修大學中文系，好歹混個美國學位，沒想到一問之下，美國大學還要修一些共同科目，而這些共同科目的特點就是英文一大堆。

　　我覺得有趣的是，許多人就算住在美國，竟完全不知道如何學英文。雖然一般口語說得很順溜，但也僅只於此，再說也說不下去，因爲字彙量有限。

　　去年她回台灣定居，跑去台北一所大學修英文系學分班。同學都覺得很奇怪，學英文居然要回台灣學。

　　她只能無奈地笑笑。

55

「表演型」英語

　　而我的國中同學，大學剛畢業就嫁到美國，英語不靈光，現在成爲加州聖荷西附近中文教會的活躍份子。我記得她以前不信教，但到了美國，竟然如此熱衷。除了心靈寄託，另一方面是無法融入當地社會。

　　可是，我明明記得，她在國中時是全年級英語演講比賽冠軍，爲何到了美國反而廢了武功？

　　一提起當年，她笑了開來：「唉哦，那叫做『表演型』英語。老師看我台風不錯，聲音好聽，就把我推上台。我只要背背稿子，即可上台表演。」

　　她又補充道：「眞正有實力的小孩，做的是『即席演講』，沒有背稿子。」

早早開始，慢慢來

學英語，就是要不斷的重覆

以前，我朋友的先生跟我說：他按我的方法，一直聽，經常聽。每天開車時都聽 ICRT，已經聽了五年，為什麼英語還是沒進步？首先，我要否認這根本不是我的方法，我哪有這樣寫。而且我從來沒有聽收音機的習慣，除了坐計程車時，運將轉到 ICRT 電台。

那天在高雄第一科技大學演講，有位女士也過來問我相同的問題。

我回答她：聽ICRT，對英語當然有幫助。英語好的人，像我，可以聽聽就會。有時還可以學到一些新單字的用法，或複習我過去已經會的英語。

電台節目如同收看HBO電影，若本身的英語程度不好，怎麼可能聽聽就會？記住，小一不能念小六。假若可行的話，那麼全民一起躺下來，你躺在你家，我躺在我家，他躺在他家……英語躺著就可以學好？

我的舊書《躺著學英語》意思是躺著也可以學，連躺著也要學，並不是躺著就可以學好。

學英語，就是要不斷的重覆。這就是我為什麼要把《躺1》絕版的原因，因為不想讓大家誤會，產生迷思，躺久了睡著了還怪我。

英語，沒過門檻，就無法入門

我到某國立大學演講，一位研究所所長在用午餐時，突然告訴我：

「我回國十年，英語幾乎快退光光了。」

為什麼有些人留學美國、澳洲、加拿大，學成歸國幾年後，英語會退步？

首先要說明白，退步，到底是怎麼個退步法？

除了「說」，因失去了英語系國家的全面性語言環境，而少了機會外，其他如「讀」、「說」、「寫」是絲毫不受影響，不管人在國內或國外。

那麼，為什麼留學回來，英語會退步？一如為什麼英語老師的英語會退步？

以下是桃園地區，一位小學老師給我的信函：

成寒老師您好：

我目前是小學英語老師，前年剛從教育大學畢業，主修英語教學。

畢業以後除了小學教材，幾乎沒接觸其他英語相關資訊，總覺得自己的英語能力停滯不前，甚至大大退步……

早早開始，慢慢來

　　單字量沒有增加，少有聽、說英語的機會，寫作能力更是從畢業後停止進步了……

　　深知「語言」是門用進廢退的學問，一直想充實自己，可不知從何下手，希望能夠紮實地累積英語聽說讀寫的能力，並且能靈活運用英語。

　　我的讀者對象占比率最高的可能就是英語老師（百分之三十），其他有醫生、在美國、澳、加、英長居的華人和留學生，還有已經留學回來的，當然從沒出過國的學生或社會人士也不少。

　　學英語，跟有沒有長期在國外居住，沒有太大的差別。我記得當年我學英語，從來沒有機會講，但我肯定滿肚子、滿腦子都塞爆了英語，直到上了飛機，我開始回答一旁旅客的問話，當時還覺得挺新奇，因為除了跟述（自己對自己講話），我從來沒對真人講過英語。

　　一時之間，我對自己完全能聽懂，並且一開始能用簡單的英語回答對方，直覺有點不可思議！可是道理還是很簡單。

　　因為，我的 input 夠多，所以，output 容易。

　　但，為什麼英語老師的英語會退步？留學生回國以後，英語會退步？

　　原因是，他們的英語從來沒有真正學過門檻，如同中文一樣。過了門檻，你就捨不得不拿出來用，聽、說、讀、寫，越用越靈光。若中文沒學過門檻，無法自由使用，一旦不上課，一定會退步。英語亦然，所以國

57

人的英語學學停停，一輩子都在學。

跟那些出去留學的人一樣，因為出國前的英語程度沒有過門檻——沒過門檻，就無法入門——在那環境中無法全面接收英語，所以進步非常有限。

我離開美國已經好多好多年，從十八歲之後沒再學過英語，沒有再背過半個單字。但我現在的英語越來越好，字彙量越來越高，讓我有能力做一百多場不同主題的講座，每年帶讀者出去玩。可是平常日子，我實際上是不需要用到英語。

一切歸因於，當初我的英語有過門檻，在當地可以任意接收英語，讓程度更好。回台灣以後仍然可以在有限的語言環境下，隨時從看電影、電視、閱讀書報雜誌這些休閒活動中，繼續接收英語，因此完全不會退步。

程度沒有真正過門檻，叫他拿英語來休閒，猶如叫他幹苦活，一樣的道理。所以，一旦脫離了國外的環境，英語就會越來越往下坡走。

早早開始，慢慢來

四、五十歲人的**聽力**

學英語，要循序漸進，由淺入深。

但「聽」和「看」，有不同的測量標準。過了三十以上的人，若過去沒有常聽英語，他往往能看懂，但不見得能聽懂，主要是上了年紀，耳朵的靈敏度降低，以致於聽不太清楚。一旦讓他聽清楚了，他就能夠聽懂。小孩則是耳朵聽得清楚，但字彙量少，理解力也不夠。

初學者，第一階段最難

一個故事，聽了五遍，仍然無法聽懂六成的原因。

成人第一次接觸真正的英語，而不是慢速教室英語的話，要先弄清楚原因：

到底是你的耳朵沒打通？還是字彙量太少？

若是耳朵沒打通，就要藉著聽各種不同聲音的有聲書，確實做好功課，才能真正打通。五十歲以上的人，可能要花半年至一年才能完全打通。耳朵打通，才有辦法接收英語。

若是字彙量太少，可用聽的，先把ＣＤ後的單字解說抓下來背，如《尼斯湖水怪之謎》《貓王的故

58 四、五十歲人的**聽力**

事》CD最後都有單字解說。

　　剛開始，腳步放慢，務必一步步確實做好。

　　第一階段，就是把所有你已經認識的英文字聽出來。然而，因為不熟悉口音、語調及速度，所以，許多人往往在第一階段就放棄了。

　　許多人來不及逼出自己潛力，就宣告投降，重回老方法：先看內文，分析句子，最後才去聽。自以為已經聽懂，其實是看懂了。直到有一天來到現實世界（real world），發現聽老外講英語，怎麼聽都無法全懂，請參閱〈挑選適合孩子程度的教材〉。無論如何，都要先「聽」再「看」。

　　要注意的是，一定要聽合乎自己程度的有聲書；太難的，也沒用。所以當程度不太好時，看HBO或電影，效果很差，就是這個原因。

讀者來函

　　以下是一位署名「半百老馬」的讀者，來函照登，我只修改了幾個錯字和標點：

　　昨天，帶著小孩到永和聽成寒老師演講，在「聽聲辨字」現場測驗時，我是少數舉手且答對的那位聽眾。幸好演

早早開始，慢慢來

講場合燈光很黑，老師可能看不清楚我半白的頭髮，哪，我是屬於老師講的那耳朵已塞住的四五十歲年紀。

上星期，參加Nora老師帶領的研習會，參加的人大部份是三十歲上下的年輕人，有許多是外文研究所的，也有四十來歲的媽媽參加。

那時在課堂看著電影短片作聽聲辨字，很明顯的，已學到第五級的那位四十歲媽媽的聽力，就是最好——我正在聽第三級課程，聽力還比左鄰右座剛接觸課程的外文系研究生好些。我心裡就想，好神，這教材就像是一把尺，聽多少就進步多少，竟然將每個人的英語聽力丈量了出來。

昨天，老師在講堂不斷提到年紀和英語聽力的重要，也提到四五年級學習環境的困境。我是老台北人，小學時連老師都講台語，只有在念課文時大家才說國語，不說國語還會被掛個「我愛說國語」牌子的年代。

從小半工半讀，成家立業後讀夜大，當上完第一學期的英聽課，那個美麗溫柔的英聽老師年紀比我還小，私下跑來跟我道歉，說：「對不起，當了這麼多年老師，你是我唯一當掉的學生。」她跟我道歉了好久，我還安慰她沒關係。那個年代，我只從音標上假想過英語的聲音，比起同班同學已接觸英語多媒體，我聽不懂卻不知道為什麼。

幾十年來，學英語繞的路太遠了，雖然聽了多年英語雜誌，去年還和老外上真人網路互動課程，因為自己是上市公司主管，課程上到最高級，還被邀請當代言人。但後來發現，自己只能講幾口騙本地人的破英語，也聽不懂電視和影片的英語，學這有什麼用呢？

58

　　昨天老師在演講中，不斷談到您過往的學習困境，以及談到那位五十七歲同學的聽力問題。我心裡其實很有感觸，因此在舉手回答完聽聲辨字的問題後，又繼續看了您介紹的許多方法和影片，也發現自己的英語能力不斷在進步中，隔了十來分鐘，不知為何眼淚卻一直掉下來。

　　也許是學習的時間拖了太久，也許是發現了學習的寶藏，心裡一直百感交集。還好，那時您堅持不要開燈，讓我們這種英語學習的歧路亡羊，在黑暗中，能噙著眼淚繼續前進……

　　在這裡也要呼籲老師不要放棄年紀較大的學生喔，年紀大還不放棄的人，通常學習動機很強，就算我們耳朵塞住了，人家聽十次，我們聽二十次，一樣可以用您的有聲書，讓自己的耳朵重生，來傾聽廣大的英語世界！

早早開始，慢慢來

英語過了門檻，
根本不必刻意去背生字

一位陽明大學研究生寫給我的信函照登：

接觸老師的書，並照著老師設計的方法學習後，發現當進入「高級」階段後，英文功力大爲進步。看電影時，終於能夠以閉目養神的方式聆聽，享受主角們的對話。（當然，仍無法跟老師您能夠邊聆聽DVD，邊工作的境界相比^^）

閱讀原文書的速度更加快速，從字裡行間猜中生字意思的機會也提高許多。讓我體會到老師說的那句話：「我在十八歲之後，從來沒有再背過任何單字。」

眞的，只要努力學習，等到過了門檻，透過聽以及閱讀過程，就能抓下許多生字。第一次便能八九不離十地拼對、猜對，接觸兩、三遍後，自然而然就能記住，根本不需要刻意去背的美麗境界。

學英語，要放下身段

　　前年在屏東竹田演講，現場聽眾裡，有位正在就讀國內某大學博士班的男士。

　　聽完演講後，他對我所說的話完全不以為然，回家以後，在他的部落格上批評我這場演講，用了兩個很難聽的字眼，深深傷了我的心。

　　我猜他覺得自己馬上就要去美國做研究一年，以

早早開始，慢慢來

為只要人在美國，英語就會自然而然變好。

等他去了美國，我發現他經常在部落格上抱怨自己：聽不懂，說不出，而且一直在抱怨美國人有口音（在台灣時，他就經常這樣抱怨）。

可是，久了以後，他發現每個老美都有口音。

他在部落格上提及：看電影《鋼鐵人》只看懂一半。老實說：《鋼鐵人》是漫畫改編，動作居多，就算不懂英語也能看懂一半。

這位博士生就這樣半聾半啞在美國做研究，我在想，要不是這類做研究相當於「高級勞工」，卻又領不到一般勞工的基本工資。如果他是應徵正式職位，誰會錄取一個英語這麼差的博士？

我相信他是個優秀人才，假設去年，他不要這麼驕傲，放下身段，稍為聽我的話，在美國一年，其實他可以有更大的收穫。

不過，一年過去了，他也馬上要回台灣，他承認英語只進步了一點點。而回台以後，在美國進步的那一丁點英語，隨著環境消失也會跟著消失殆盡。

重聽說，不等於輕讀寫

我提出「聽英語有聲書」的概念已經快滿二十年，曾遇見一位獸醫改行當小學老師的年輕女生，她說她早就是跟我一樣的學法。當她買到我的書時，驗證了她的做法，讓她更有信心學下去。

這位英語優秀的女生（我稱呼她：獸醫老師），高中聯考的英文原始分數是100分，而她考了97.4分，換算成百分等級是99.99%（意思是成績勝過99.99%的其他考生，排在最前面的0.01%）。後來她在完全沒有準備之下，多益也考965分。同樣的學習經驗，只是我寫成了書（包括《躺1》和《英文，非學好不可》），而她沒有寫罷了。

也就是說，我們都是這樣學好英文的。獸醫老師學英語，不忘老本行，她擁有英國獸醫作家吉米‧哈利（James Herriot）的全套作品英語有聲書。

《躺1》超級暢銷，但我在有些演講場合，常有聽眾過來跟我說：他們好幾次在書店看到這本書，覺得躺著學英語看來像噱頭，所以他們寧願錯過。幾年來，市面上出現一窩蜂的各種語言躺著學，顯然都

早早開始，慢慢來

是抄我的書名，把我嚇得趕緊把《躺1》絕版，以免引起讀者奇怪的聯想。

然而我在網路上曾看到有名人為文，反對小學生做「聽說」訓練，擔心因此「讀寫」不會進步。說這話的人，是五年級前段生，只因為他當年沒有「聽說」訓練，照樣能夠去美國念書。

我在此強調：所謂「重聽說」不等於「輕讀寫」，只是前後順序之別。

文字與聲音的組合，加快英語學習

若從現實面看來，「讀寫」可以在背後默默做，誰曉得你花了多少工夫？查了多少字典？但「聽說」是立時見真章。

文字和聲音的組合，可以加快英語的學習速度，節省許多時間。聽英語故事有聲書，讓學英語變得更有趣，不是早年苦讀型人士可以體會的。而英語沒趣，又怎麼學得下去？

以我自己為例，我從十七歲學到十八歲而已，這輩子沒有再學過英語。但人一到美國，我每個月可看五六十份雜誌，也為台灣的報社寫報導，賺稿費去旅行，這歸功於我以「聽」來訓練，理解力超強，閱讀速度反而更快。而長期「聽說」的訓練，也直接影響到我寫 paper 時的遣詞用字，從來不必用中文思考。

我到某些大學演講，發現學生不只上過六年的英語課，大部分補習

超過十年。這樣也夠了吧！

但我發現，這些學生大部分都無法順利看原文教科書，常要找中譯本來看，表示過去的學習方式一定有什麼地方不對。

外師一對一，船過水無痕

寒假期間我帶讀者親子遊夏威夷，我發現到一個現象：置身英語環境裡，你有限的英語很難派得上用場。程度差，跟人互動就少，且常常聽不懂導覽解說。

然而，就算早已經是我的讀者，但觀念仍然有些偏差。

有位讀者在點餐時，當服務生問要點什麼「飲料」，她回答不出來。她竟然以為，原因是她從來沒有上過英語會話課。她問我要不要去上。

我大大贊成。實際上，我一點都不贊成。

如果她的程度好一點，字彙量夠高，聽力也夠好的話，上這種會話課非常有用；反之，程度不佳，講不出什麼話來。而上課時，外籍老師講的話，只講一遍，你根本記不起來，彷彿船過水無痕。

唯有經歷過錯誤，你才會了解你的觀念有多麼偏

早早開始，慢慢來

差。所以，我非常同意讀者：花錢買教訓。

當然，我並不是一個幸災樂禍的人，還是舉出問題問她：

為什麼妳回答不出？請問妳有聽懂服務生說什麼嗎？

她回答：沒聽懂。

這就對了。

當你聽不懂時，要回答什麼呢？除了聽力，字彙量也很重要。

我覺得上英語會話課程是很好的主意，但要看時間點。問題是，你的 input 太少，要跟人家講什麼？你聽不懂，要回答什麼？

二十年的慘痛經驗

年紀不到五十的讀者 Dacod 的感想：

相信大部份的人，學英語的錯誤方式都與我一樣。

首先，找個知名的補習班（我上過的補習班至少超過5家）。再來，買一些簡易會話CD或卡帶，買一些文法書及單字書，拼命的K。每次逛書店，只要認為可以加強自己英語的書或xxx，一直買。最後，目前最流行的網路一對一會話英語，我一次買了十二萬學費，已上了一半課程。

已經做到以上的每一種方法，認為該做都做了。遇到需要與國外客戶溝通時，還是講不出來（除了自我介紹及一般的英語書信溝通）。就這樣斷斷續續的學習方式，算一算已過了二十年（真的很慘）。

總歸一句話，英語重在長久，而非一時，時間點很重要。

61 不是做法不對，
而是**時間點的問題**

　　你會講一些生活用語是不錯，問題是，光會講這些，夠嗎？學英語並不是為了表演給別人看。你的聽力不好，字彙量不夠，上英語會話課，練來練去都是差不多的內容，這樣有什麼意思？

　　還有，因為 input 不夠，常常會自己亂講，用中文思維在想英語。一旦習慣講錯誤的英語，以後就改不過來。而且，外籍老師因為配合你的程度，把速度放慢了，遣詞用字也變成 baby English。大部分時候，他跟你講的是教室英語——出了教室就沒有人在講的英語。

　　我的理念是先重聽說，可是，不是一般的聽說，而是有深度的聽說。聽有深度的有聲書，練習有深度的「聽」與「說」。當你的 input 太少時，找老外一對一，通常淪為淺薄的「聽」與「說」。

早早開始，慢慢來

一、健康；二、品德；三、語文

孩子讓父母重新再活一次，再度體驗童年。

把小孩生下來，看著他長大，對家長來說，最重要的是什麼：第一、健康；第二、品德；第三、語文（中文和英文），因為語文是所有學科的基礎。

雖然孩子是獨立的個體，但做父母的總是希望孩子有我們的優點，而缺點越少越好。所有大人的遺憾，都在小孩身上得到彌補。

有些父母因此患了英語焦慮症，自己學生時期學不好英語，出了學校以後也學不好英語，在反覆追悔情況下，希望子女不重蹈覆轍，就會對孩子亂下藥，東買西買，東補西補。

板橋有位媽媽來信，她的女兒才小一要升小二，卻讓人覺得，小女孩彷彿已經歷盡滄桑。不知還有多少爸媽和小孩與她同樣的遭遇？

以下是她的來函照登：（補習班的名字改以ＡＢＣ為代號）

女兒學習狀況遇到的問題，應該和美語教室經營的方式有關，小女前後去過三家兒童美語補習班。

第一間A補習班：

　　上課未滿一個月即遇到班主任未知會家長，隨意更換不適合的新手老師。新老師課堂教學經營很差，讓初學的小女邊哭邊上兩個月——這個老闆為了「賺錢」，幾乎將全校老師都換成新手老師，家長怨聲載道！就我所知，目前該校退出加盟體系……

　　等到確定孩子沒有之前學習陰影後，恰巧，那時因準備搬家，所以大班下未繼續讀幼稚園。加上之前幼稚園並未作幼小銜接這塊……一位老師建議我讓孩子多少藉由學習適應上下課，寫寫作業、團體互動……等。

　　這時，孩子也願意去英語教室「上課」，於是選擇了——

第二間B補習班：

　　當初上直營校，沒有學習上的問題。

　　後來搬家轉至加盟校，有圍棋、作文……加盟教室，沒想到孩子竟又跳入另一場惡夢中……該校要求續班率（賺錢），外師只要留住學生的心。外師只要出現在家長面前晃晃，誰知道孩子到底在上什麼課？

　　本人當時時間多，三不五時站在教室門口聽課。所以，外師對於孩子上課說國語聊天、吃零食、化妝（擦口紅、指

早早開始，慢慢來

甲油）等……只要不太嚴重，一律不處理。授課態度如此，想當然，學期結束，課本後面還有四分之一左右沒上完！

　　我向班主任反應多次，沒有結果……（想當然）。

第三間D補習班：

　　目前這間教室，經鄰居介紹，是由C補習班教師出來自己經營的安親班，老師本身很認真負責。

　　但是，C補習班教學屬於國中教學那套，所收的學生至少也要小學三年級以上。再加上不知是否是家教班？教學易受多數樂見「成果」的家長左右。原本低年級班級該有的閱讀活動，較活潑的學習方式漸漸消失……取代的是考試考試考試（口試 ＋ 相當靈活的筆試──小女經常反應看不懂題目，因為我有時也看不懂）。

　　而且上周五，我才發現暑假期間是每堂課都在考……學習變成趕進度了嗎？其實……小女在這裡已經學了半年，只上KK音標的課程。

　　成寒老師，您不知有多枯燥，而我也不知做了多少努力幫助孩子。（我幫她把枯燥的作業變成小書，陪她聽聲音記單字……可惜，我本身英語能力只有國中一年級程度，能力有限!!!）

　　上周她說：我這次只能考 50~60分了……

63

學不好英語的原因：
生搬硬套

國人學英語，旁門左道太多。

在土城國中演講，有位家長問：

「我的小孩要上小六了，現在讓他學語音學，還有五大句型。」

「請問，語音學是什麼？」我肅然起敬。

「請問一本書或一篇文章只用五大句型寫出來嗎？」我再問。

小學生學語音學？現代的小孩都這麼厲害嗎？事實或許不是這麼一回事，可能是孩子隨便講，而家長誤會了。

學英語，不是「研究」英語

曾經，我是那樣的痛恨文法，乾巴巴的條文式分析，彷彿是《綠野仙蹤》裡可惡的西方女巫，瘦長的馬臉，綠皮膚，人見人厭。倘若你也曾經跟我有過同樣的痛苦，害怕，惶惶不安，join the club，我們組成一個文法恐懼俱樂部吧。

字字斟酌，句句分析，念英語叫人生厭。

這些年來，有無數的讀者上我的網站和部落格吐露心聲：過去死記硬背的文法全都忘光光，對英語的

早早開始，慢慢來

自信心簡直降到了最低點。然而，文法又是這麼重要，想擺脫也不行，該怎麼辦呢？

我在《英文，非學好不可》一書中提到，想要學好英語，必須具備三個條件：方法、教材、毅力，缺一不可。許多人學不好英語，跟觀念錯誤有關。

先有英語，才有文法

畢竟，先有英語，才有文法。英語文法是配菜（trimmings），而不應該當主菜（main course），本末倒置。文法，甚至只能當點心（desserts）。對大部分的人來說，死K文法，怎麼可能完全記住。唯有同時加強聽與說，培養語感，文法才能真正內化。記住，英語學習的基本原則：

沒有「聽」以前，不要「說」；

沒有「聽、說」以前，不要「讀」；

沒有「聽、說、讀」以前，不要「寫」。

文法，一定要學。但在學習的比例上要注意，當你花一倍的時間在「文法」上面，就要花更多倍時間在「聽」、「說」、「閱讀」以及累積「字彙」，這樣才能讓你在現實世界裡，聽說讀寫，樣樣行。

可是，我曾經溺斃於浩瀚文法大海中，以為自己永遠翻不了身。那些密密麻麻的條文規則，晦澀難懂的中文專用語彙，也許是我實在有

夠笨，幾乎沒看懂過多少，只覺得像是一串串火星文……

我終於明白，文法要靠理解，不能死記硬背。

生搬硬套，寫不出東西來

曾有讀者念了《英文，非學好不可》所附的有聲書《美女與野獸》，問道：

「這句英語怎麼不合文法？」

首先，為什麼一定要照你的文法寫？大家是不是忘記了，文法是後人根據英語整理出來的，也就是說先有了英語，才有文法；而不是有了文法，才有英語。

讀者寫 Giddyup 是嘆詞，因為字典上這麼寫。我回答：「快跑」怎麼會是嘆詞？在查資料時，一切只能當做參考。每個學生都應該訓練自己可以分析問題，有思辨的能力。這樣才能產生自主和創造性的思維。

而作文，若自己沒有足夠的料，生搬硬套，寫不出東西來。通常作文寫出來，基本上已定型，靠人修改的幅度有限，除非重寫。所以，當孩子的英語程度不夠時，不要太早逼他寫作文。

有回，我在圓山大飯店的自助餐盤上，看到標錯

早早開始，慢慢來

了英語：roasted beef（正確應該是 roast beef），我猜這個錯誤寫法是用標準文法套出來的，因為名詞之前要用形容詞修飾。但標英語的人忽略了，許多英語都是習慣用語。

陪孩子學英語，不能讓孩子成為被動的接受者和傾聽者，而是自己要開發出獨立和評判性思維的能力。新托福考試也強調這一點。

如果腦中裝滿了不屬於你的英語，你會忘掉它們，它們永遠不會留在你腦中。

有時，英語沒有標準答案

當年大學聯招英語成績近滿分的獸醫老師（獸醫改行當小學老師）告訴我，她念高中時英語就比其他同學好，但有時也會栽在平常小考上。英語老師曾經出一大題英翻中，全是英語電影片名，叫同學們翻譯成中文，但事先只告訴同學要考電影片名，卻沒有指定範圍，無從準備起。

其中一小題："Gone with the Wind"，獸醫老師翻譯《隨風而逝》，老師打錯，說《飄》才是對的。實際上，正確答案應該是《亂世佳人》。

然而，以上三個答案都可以算對，因為翻譯有時沒有標準答案，有的是意譯，如《隨風而逝》；有的是約定成俗，因為早就有人這樣譯過了，如電影《亂世佳人》或小說《飄》。

越看越難懂的文法

　　以下是我從大陸網頁摘錄的一段文法解說，明明是聽聽就會的文法，可以寫得如此複雜，而且還有很多頁呢。我只能說我非常佩服看得懂的人：

　　不指明代替任何特定名詞或形容詞的代詞叫做不定代詞。常用不定代詞有：some, any, all, none, both, either, neither, each, every, other, another, much, many, few, little, one等。

一、不定代詞的用法

　　不定代詞大都可以代替名詞和形容詞，在句中作主語、賓語、表語和定語。

1. 作主語

Both of them are teachers. 他們兩人都是教師。

2. 作賓語

I know nothing about this person. 我對這個人一無所知。

3. 作表語

This book is too much for a child. 這本書對一個小孩來說太難了。

早早開始，慢慢來

第 8 章　實戰篇

旅行，要讓每一分錢花得很值得

依我多年的旅行經驗，我覺得旅行主要的考量不在這趟花了多少錢，而是每一分錢是否花得很值得。

倘若行前毫無準備，上車睡覺，下車尿尿，那不叫旅行，應該叫渡假吧。可是，台灣是島國，若出國一趟也是大費周章，尤其是親子之旅，父母要想辦法讓孩子從旅行中得到各方面的提升，這麼大筆錢花得才有意義。

全家開車旅行，少了與外界互動的機會

一旦開始學英語，出國就要盡量把英語用出來。

曾有媽媽跟我說，雖然他們不懂英語，但已遊遍了美國好幾個州。

不必開口問，我便靈光一閃：「你們自己開車對不對？因為自己開車，在車上不必講英語，也就是說你們去美國玩，從頭到尾都不講英語。」

我覺得有夠可惜！

出國旅行，能不自己開車最好。

我最喜歡搭乘大眾交通工具，搭公車、電車、捷

早早開始，慢慢來

運，跟當地人有互動的機會，看看當地人的生活百態。連到大峽谷，我都有辦法連絡接駁車（shuttle bus），花少少的車錢，在車上跟人聊天。誰說旅行看風景就夠了？

旅行，依我的做法，吃當地食物，跟當地人聊天，去當地人去的而觀光客不去的地方。行程雖然早已預定好，但一路上出現的意外驚奇，更是不少。遭人搭訕也好，只要不跟人回家去，成了天涯「厭」遇。

參觀水族館

比方說：參觀水族館。

如果你沒有事先背好魚的單字就進去國外水族館，通常只會匆匆繞一圈。也許會充滿讚嘆，滿口驚奇：「這些魚好漂亮！」然後就算逛完了。

說英語，寫作文，都要講究 Be specific! 說具體一點，寫具體一點，不要含糊帶過去。魚，到底是哪些魚？這些魚總有名字吧？

去威基基水族館（Waikiki Aquarium）時，我規定每個大人每個小孩事先要背一百多種不同魚的英語名字，所以大家進了水族館都好興奮的一隻隻點名：喇叭魚（trumpet fish）、花園鰻（garden eel）、小丑魚（clown fish），還有那名字又臭又長的夏威夷州魚 humuhumunukunukuapua'a。眾人不僅辨識魚的長相，同時也複習英語單字，超有成就感的。

我記得，在世界各地水族館常看到一種超大的魚，以前我不知道那

64 親子**學習之旅**

魚的中文名字，可牠的體型實在巨大，太令人好奇
了。這次因為事先把單字整理在部落格裡，我便非常
熟悉：Giant Grouper（龍膽石斑）。

　　在威基基水族館也看到這條大魚，覺得親切又熟
悉。

小孩不愛吃青菜

　　團體的親子之旅，不只孩子們有伴玩，大人也互相
交換育子心得。孩子雖然都很有教養，但各有各的樣。

　　這次親子之旅，我看到爸爸媽媽教養兒女有方：

　　例如：有些小孩不愛吃蔬菜，怎麼辦？

早早開始，慢慢來

先背好魚的英文名字，再進威基基水族館，
幫魚點名。（成寒　提供）

　　為了避免孩子營養不均衡，養成挑嘴的習慣。張媽媽每一餐飯都先盛一小盤蔬菜給小孩，要他們先吃完，才能吃別的。

　　因為一開始，孩子肚子很餓，「饞不擇食」，一下子就把蔬菜吃光光。

　　這招真的很棒！

　　當然，前提是也不給孩子吃零食。

美少女衝浪

　　就算跟著團體走，旅行也有單飛的時候。

　　挑當地的 local tour，深入一般旅行不到的地方。或挑當地特殊活動，如夏威夷衝浪。

　　看美少女衝浪，可說是 "a sight for sore eyes."（參閱《躺2－搭便車客》）。

　　這次旅伴有一對長得非常漂亮的姊妹花：13歲與15歲，還戴著牙套。一個163公分，一個165公分，而且還在長高中。

　　姊妹花天生具運動細胞，這是她們倆第一次衝浪，然而一站上衝浪板，她們很自然地伸展兩臂，雙腿保持平衡優美的姿態。不像有些人怕得「趴」在衝浪板上，不敢站起來。

　　這對姊妹花，燦笑如花，美極了。

　　姊姊用她那柔細的聲音嘆道：可惜，這次沒有半個帥哥來……

　　她說得沒錯，這次旅伴沒有年輕帥哥，只有幾個可愛的弟弟。

講到孩子的教養問題，這對姊妹花雖然長得很漂亮，但媽媽希望她們不要沾沾自喜。有一天，媽媽趁公司有活動，拍下一堆 show girl 的照片回家給女兒看，且說：

「論漂亮，還有人比妳們更高挑更漂亮，所以還是好好念書吧！」

在美國，「周杰倫走路」會被開罰單

英語學習，套上當今流行文化，可能更引發孩子的學習動機。

我這輩子開車沒拿過罰單，倒是在美國騎腳踏車、走路都被開過罰單。在台灣，隨便亂走路好像不會被開罰單，這就是文化差異。但在台灣，隨便亂走路可能會被撞死。

我的走路罰單就是「周杰倫走路」（jaywalking）。

雖是紅燈，但路上的汽車全都停下來等我，我「盛情難卻」，不顧對面的警察一直搖手（說實話，我當時根本不知道他跟我搖手是什麼意思），就大大方方走過斑馬線。

早早開始，慢慢來

我當場就被那警察開了一張罰單：二十五美金。

然而在夏威夷，行人過馬路，沒有走斑馬線要罰一百三十美金。

請看檀香山警局的公告：http://www.honolulupd.org/traffic/jaywalking.htm

我親眼看到兩個東方老太太，也許是大陸人，也許是香港人或越南人，見馬路兩側沒有來車，兩個人便手牽手跨過。沒料到路邊一個警察突然冒出來，給她們倆各開一張罰單。但她們倆聽不懂也看不懂。

我聽到警察指著罰單交待她們：

"Take this home and ask your family to read it for you."

我擔心等她們回家弄清楚罰單的代價，可能當場心臟病發作。

租公寓或渡假屋，體驗異國生活

若在同一個地方待超過一個星期，那麼，住的選擇就盡量不要到旅館去。

我的建議是設備齊全的服務公寓（serviced apartment）或渡假屋（vacation home），真正在當地生活，實際體驗當地文化。

英語程度極佳的駐美記者傅建中強調：學英語，光會課本上的東西是沒有用的，必須真正去了解該語言的文化，和這個文化下的思維邏輯，甚至從他們的角度去理解，「要先了解他們的文化，才能和他們打交道。而語言學習，只是開始了解對方的第一步。」（摘錄自《商業周

《刊》）

　　傅先生的想法，就是我在講座上常說的：

　　「學英語，不是為了崇洋媚外，而是知己知彼，百戰百勝。」

　　旅行，尤其是親子學習之旅，讓英語學習打開了視野，打開了世界。

早早開始，慢慢來

在夏威夷，美少女衝浪，兼學英語。（Grace 提供）

65 成寒的學習手冊

聽懂 99% 才算聽力好

讀者寫信給我：「你的英語有聲書《英文，非學好不可》所附的ＣＤ，可以聽懂八成或九成，這樣我是否可以念比這程度再高的有聲書？」

我的回答：「英語可以聽懂99.9%甚至100%才叫做「通英語」，若八成或九成，足以讓你誤了正事。你所以聽不懂，就是因為聽不懂關鍵字。若不是關鍵字的話，程度夠好都可以猜出來。」

東吳大學陳啓峰牧師有感而發：「常聽到專家們說：『要學好英文就是要多聽，多說，多讀，多寫。』可是，常常沒有講出具體的做法，到底要怎麼聽？怎麼說？怎麼讀？怎麼寫？」

請你照著做

拿出你手上任何ＣＤ英語有聲書，一步步練習。英文不難學，但要每一步都做對才能學得快又好。

做太多，沒用；做太少，更沒用。

請按成寒的方法念，您可以省下時間，更快達到「聽」、「說」、「讀」、「寫」自由使用。

成寒的學習手冊

　　把一篇文章的英語有聲書，塗掉其中的關鍵字（重要單字和片語），做成克漏字。詳細樣本，可參閱《成寒英語有聲書》裡的克漏字練習。

　　或小二以下的小孩，不必做克漏字，但可偶爾抽一小段，連續放好幾遍，不要停，練習聽寫。不會寫字的小孩，不必做克漏字，也不必聽寫。

　　克漏字，一口氣從頭做到尾，不要停。

克漏字在訓練聽力 + 理解力

　　克漏字的目的，在於訓練聽力，也在訓練理解力，讓你在美國大學或研究所上課，可以快速抄筆記。也讓你在公司開英語會議，可以快速記錄重點。

　　讀者半百老馬考上了企研所，他推究原因，竟是我設計的克漏字練習幫助他的英文拿高分。

　　考上了，我檢討原因如下：

1. 不斷重覆聽有聲書，英語理解力變快。每個故事在克漏字做完時，已聽了二十遍，更別說還有跟述的次數，不知不覺對英語的理解和閱讀變快了。

2. 每個新故事都是在沒看內文下開始聽，學會略讀的能力。考試時，其實有許多單字是不會的，但因為已

早早開始，慢慢來

習慣用理解大意的方式傾聽，不知不覺也變成會用大意的方式來閱讀。

3. 有些句子聽太熟，本能地會用簡單文字表達複雜意思。在寫申論及作文時，很自然地不用想文法，也會繞過複雜而用簡單的文字表現。

學習順序，請依以下的學習進度表：

1. 一個故事或一張ＣＤ，先聽，不要看書。聽完十遍就做聽力克漏字練習或聽寫其中一小段。這樣可訓練英文的快速完整理解力，而不是支離破碎的理解力。ＣＤ要交替著聽。同一張ＣＤ，每天最多聽兩遍，而且不要連續聽，以免聽到膩煩。

2. ＣＤ聽過十遍以後，邊聽ＣＤ邊做「克漏字」，每次都從頭做到尾，中間不要停頓，寫多少算多少。每次不可能全部填完，所以每做一次總是跳過幾格才又下一個空格。

同一份克漏字或聽寫，每天做一次，共做五次，不要多做。一天內，最多不要連續做超過兩次，可以換做另一份「克漏字」，之後再回來重做，直到這份「克漏字」全部填完為止。一份「克漏字」連續做幾天即可完成。克漏字的訓練，猶如一次又一次「洗」耳朵裡的沙子，越洗耳朵越清楚，聽力就越好。

做完五次之後，就把所有的生字挑下來背，在這五次（這是第一回

65

合）做完之前，絕對不要停下來看內文查生字。

做完克漏字，可用「聽」的方式多檢查幾遍，修正答案，最後才去核對「解答」。若錯誤超過十個以上，請隔幾天重新再做「克漏字」練習。

3. 克漏字第一回合之後，隔兩三周再做第二回合，做到錯十格以內。所以，您的生字就是在這兩三周內分別挑完。

4. 聽的時候，有些字一直冒出來，聽得很清楚，可試著翻紙本字典「聽聲辨字」，平均每個字辨三分鐘，若辨不出來就放棄，但你會漸漸對這個「字」與「音」的關係自動連結起來。如果您的「聽聲辨字」很差，隨便做做就好，因為那只是練習，不是考試。（請參閱《英文，非學好不可》）

所以呢，我再重覆一遍做法：當您拿到教材時，拿出一張ＣＤ，每天聽兩遍，過五天就可以開始做克

早早開始，慢慢來

漏字。而克漏字做五天（每天一次），就開始挑生字。也就是說，從開始到第十一天就開始背生字。

5. 當「克漏字」做完以後，每天除了背「生字簿」裡的資料，不必再去看原文。每天只要交替著聽ＣＤ，讓英文自然灌入耳朵裡，熟悉英文的「語調」（intonation），同時挑出那些已聽熟的生字和片語，寫到「生字簿」裡，每天依「遞減背誦法」背─背─背，一天都不能偷懶。寧願每天花二十分鐘，也不要每周只有一天背十個鐘頭，其他六天，光曬網不打漁。

6. 每次聽ＣＤ，把聽得清楚的句子大聲「跟述」（shadowing），不要把話含在嘴巴裡，這樣可練「脫口而出」的能力。把ＣＤ一口氣放到底，中間不要停，聽得清楚的句子就做「跟述」。每五、六句或七、八句能跟上一句就算及格。剛開始，盡量跟「短的句子」，隨著練習多了，跟述會慢慢進步，不必操之過急。

7. 為什麼要做「克漏字」？「克漏字」可以去除「聽」的盲點。許多讀者表示：聽了許多遍之後，覺得自己已經全聽懂了，等到做「克漏字」時才發現，居然有百分之二十好像從來沒聽過。由此可見，克漏字可檢驗你到底聽懂了多少，同時也確定你到底會不

會拼字，不是光會聽聽的文盲。

「克漏字」也能幫助英語寫作的拼字及文法。

提醒：如果你看不懂這篇學習手冊，那是因爲你沒有眞正去做。因爲這不是小說，而是使用手冊（manual），給使用者參考的。

早早開始，慢慢來

延伸學習　學英文像**吟詩**、**說故事**

《英文‧非學好不可》附有聲書〈美女與野獸&仙履奇緣〉

　　學不好英文，是許多人心中的痛。爲什麼學了多年英語卻「聽不懂，說不出，寫不來」？問題出在哪？許多人從來沒有想過，學不好英文跟「觀念錯誤」有關。本書詳列各種成人的學習觀念及方法，並附兩部精采的英語有聲書。

《躺著學英文2——青春‧英語‧向前行》附有聲書〈搭便車客〉

　　他從紐約啓程，沿著第６６號公路往西行，目的地是加州。一路上，有個男子一直向他招手，想搭便車，他到底是誰？爲何甩不掉他？不管車子開多快，他總是隨後跟來……音效逼眞，不聽到最後結局不甘心。由電影《大國民》導演兼男主角歐森‧威爾斯擔綱演出。

《躺著學英文3——打開英語的寬銀幕》附有聲書〈搭錯線〉

　　夜深人靜，一個行動不便的婦人獨自在家。她要接線生幫她接通老公辦公室的電話，不料竟搭錯線，她偷聽到兩個人在電話中談一件即將發生的謀殺案，就在今晚十一點一刻整，他們打算展開行動……ＣＤ的後半部特別加上中英有聲解說，打開讀者的耳朵，只要聽聽就會。政大外語學院院長陳超明專文推薦。

《成寒英語有聲書1——綠野仙蹤》

　　沒讀過美國經典作品《綠野仙蹤》，你可能看不懂、聽不懂許多英文。這部有聲書以舞台劇生動演出，節奏輕快，咬字清晰。讀者一致稱讚：如此好聽的有聲書，英語還會學不好嗎？在成寒網站可試聽。中英對照，附加生字、生詞解說及聽力克漏字。採用大量插圖，圖文書編排。《成寒英語有聲書》是「正常速度」的英語，讓讀者一口氣聽下來，先享受聽故事的樂趣，再細讀文中的單字及片語的用法，學著開口說，然後試著寫。作家侯文詠專文推薦。

《成寒英語有聲書2——靈媒的故事》

　　一個命運坎坷的棄兒，一出生就被丟在公車上。年少輕狂的他做小偷，終於被關入牢裡。在獄中他認識一個哈佛畢業的老頭子，這人看出棄兒天資聰穎，於是教他讀書，說一口漂亮的英語，還有做靈媒的各種技巧：預卜未來、知道過去，與亡者通靈。

　　孤兒從小偷一變成為靈媒，名聲遠播。許多人來求問前途，連警方都來找他幫忙破案……一則發人深省的故事。國家圖書館主任王岫專文推薦。

《成寒英語有聲書3——尼斯湖水怪之謎》

在蘇格蘭尼斯湖深深的湖底，有隻水怪，看過的人都說像蛇頸龍或像魚或像……。沒看過的人說那是人們編造的，其實那是鯨魚、海豹或漂流的木頭。尼斯湖水怪到底是真、是假？本書為您揭開這個謎。東吳大學英文系副教授金堅專文推薦。

Level 1

《成寒英語有聲書4——推理女神探》

美國新英格蘭區的一座豪宅發生命案，被害人是男主人麥可‧葛瑞。警方派年輕貌美的女警探K前來調查。這是K負責偵辦的第一件案子，她發現屋子裡的人，包括女主人、女主人之弟、男主人 舊日軍中同袍、年輕女祕書，還有女管家，每個人都有嫌疑，每個人都有犯案的動機。可是K找不到任何犯案的證據，現場也找不到凶器，但確信男主人不是自殺的……這本推理小說，考你的判斷能力，究竟誰是兇手？由台大醫學院教授張天鈞專文推薦。

Level 3

《成寒英語有聲書5──一語動人心》

Level 5

　　如何讓你的演說或寫作更有力？那就是套用名家名句（quotations）。從名人的文章和談話中，挑出精采佳句，學習這些句子的多重意義和各種用法。套用英語「名家名句」，在英語寫作演說時有加分的效果。本書收錄200多則名家名句，標準美語朗讀，配樂優美。這是一本可以陪你成長，隨時提升英語實力的有聲書。世新大學人文社會學院院長李振清專文推薦。

《成寒英語有聲書6──聖誕禮物》

Level 5

　　聖誕節到了，一對貧窮的夫妻，他們窮到什麼都沒有，唯有深愛彼此。當聖誕節來臨，他們想盡了法子要送給對方最珍貴的禮物……

　　包括兩個感人的故事〈聖誕禮物〉和〈重新做人〉，作者是「短篇小說大王」歐亨利。他的小說，故事一開始很平常，但經過縝密的佈局，突然來個意想不到的大轉折，把讀者的閱讀神經拉到最高點，然後戛然而止，令人深思低迴。

教養生活㉓

早早開始，慢慢來──陪孩子走過英語路

作　者─成寒
主　編─陳瓊如
執行企劃─沈小西
總編輯─余宜芳
董事長─趙政岷
出版者─時報文化出版企業股份有限公司
10803台北市和平西路三段二四○號四樓
發行專線─（○二）二三○六─六八四二
讀者服務專線─○八○○─二三一─七○五‧（○二）二三○四─七一○三
讀者服務傳真─（○二）二三○四─六八五八
郵撥─一九三四─四七二四時報文化出版公司
信箱─10899臺北華江橋郵局第99信箱
時報悅讀網─http://www.readingtimes.com.tw
電子郵件信箱─liter2@readingtimes.com.tw
法律顧問─理律法律事務所　陳長文律師、李念祖律師
印　刷─盈昌印刷有限公司
初版一刷─二○一○年六月二十一日
初版十一刷─二○一九年十二月二十四日
定　價─新台幣二六○元
（缺頁或破損的書，請寄回更換）

時報文化出版公司成立於一九七五年，
並於一九九九年股票上櫃公開發行，於二○○八年脫離中時集團非屬旺中，
以「尊重智慧與創意的文化事業」為信念。

早早開始，慢慢來／成寒著；
-- 初版 . -- 臺北市：時報文化，2010.06
　面：　　公分

ISBN 978-957-13-5228-2（平裝）

1. 親職教育 2. 英語教學

528.2　　　　　　　　　　　99011082

ISBN 978-957-13-5228-2
Printed in Taiwan

編號：CU0023	書名：早早開始，慢慢來
姓名：	性別：_____ 1.男　　2.女
出生日期：　　年　　月　　日	連絡電話：

_____ 學歷：1.小學　2.國中　3.高中　4.大專　5.研究所（含以上）

_____ 職業：1.學生　2.公務（含軍警）　3.家管　4.服務　5.金融

　　　　　　　6.製造　7.資訊　8.大眾傳播　9.自由業　10.農漁牧

　　　　　　　11.退休　12.其他

通訊地址：□□□_____縣（市）_____鄉鎮區_____村_____里

_____鄉_____路（街）_____段____巷____弄____號____樓

E-mail address：_____

（下列資料請以數字填在每題前之空格處）

_____ **購書地點／**

1.書店　2.書展　3.書報攤　4.郵　5.網路　6.直銷　7.贈閱　8.其他_____

_____ **您從哪裡得知本書／**

1.書店　　2.報紙廣告　　3.報紙專欄　　4.雜誌廣告　　5.網路資訊

6.親友介紹　　7.DM廣告傳單　　8.其他_____

_____ **您希望我們為您出版哪一類的作品／**

1.育兒保健　2.心智啟發　3.親子關係　4.品格教養　5.運動遊戲

6.讀書學習　7.其他　_____

_____ **您對本書的意見／**

_____ 內容／1.滿意　　2.尚可　　3.應改進

_____ 編輯／1.滿意　　2.尚可　　3.應改進

_____ 面設計／1.滿意　　2.尚可　　3.應改進

　　　　校對／1.滿意　　2.尚可　　3.應改進

　　　　定價／1.偏低　　2.適中　　3.偏高

您的建議／_____

_____

_____

_____

廣 告 回 信
台北郵局登記證
台 北 廣 字
第 2 2 1 8 號

時報出版
CHINA TIMES PUBLISHING COMPANY
尊重智慧與創意的文化事業

地址：10803台北市和平西路三段240號3樓
讀者服務專線：0800-231-705•(02)2304-7103
讀者服務傳真：(02)2304-6858
郵撥：19344724-時報文化出版公司

請寄回這張服務卡（免貼郵票），您可以——
●隨時收到最新消息。
●參加專為您設計的各項回饋優惠活 。